AF742630

Cooper Slattery

Développement web Flask pour débutants

Création d'applications complètes avec Python

Première édition publiée en 2026

TABLE DES MATIÈRES

Introduction au développement web Flask 6
Chapitre 1 15
Configuration de votre environnement de développement 15
Chapitre 2 30
Principes fondamentaux de Flask – Routes, modèles et formulaires 30
Chapitre 3 46
Utilisation des bases de données – SQLAlchemy et PostgreSQL 46
Chapitre 4 62
Authentification et sécurité des utilisateurs 62
Chapitre 5 75
Création d'API RESTful avec Flask 75
Chapitre 6 89
Amélioration de l'interface utilisateur avec Bootstrap 5 89
Chapitre 7 108
Introduction à React – Création du frontend 108
Chapitre 8 127
Intégration complète – Connexion de Flask et React 127
Chapitre 9 141
Fonctionnalités avancées et optimisation 141
Chapitre 10 155
Déploiement – Du local à la production 155
Conclusion 166
Prochaines étapes pour maîtriser Flask 166

Introduction au développement web Flask

Bienvenue dans l'univers de Flask

Flask est un framework web léger pour Python qui permet aux développeurs de créer des applications web rapidement et efficacement. Créé en 2010 par Armin Ronacher pour le 1er avril, il est devenu un outil sérieux utilisé par des entreprises comme Netflix, Reddit et LinkedIn. Flask fournit les fonctionnalités essentielles pour gérer les requêtes web, acheminer les URL vers les fonctions et afficher les modèles, sans imposer de structure rigide. Cette flexibilité le rend idéal pour les débutants souhaitant apprendre le développement web sans complexité excessive.

Imaginez que vous développiez un simple blog ou une application de liste de tâches. Avec Flask, quelques lignes de code suffisent pour lancer un serveur, puis vous pouvez ajouter progressivement des fonctionnalités comme une base de données et l'authentification des utilisateurs. Contrairement aux frameworks plus lourds, Flask n'intègre pas d'outils pour tout, ce qui vous incite à comprendre comment les composants s'articulent. Cette approche « micro » signifie que vous n'ajoutez que ce dont vous avez besoin, pour une application légère et facile à maintenir.

Pour apprécier la simplicité de Flask, prenons l'exemple basique d'un « Hello, World ! ». Commencez par installer

Flask à l'aide de pip, le gestionnaire de paquets de Python. Ouvrez votre terminal et exécutez :

texte
```
pip installer flask
```

Ensuite, créez un fichier nommé app.py contenant le code suivant :

python
```
depuisfioleimporterFlasque

application=Flasque(__nom__)

@app.route('/')
def Bonjour le monde():
   retour 'Bonjour le monde!'

si __nom__ == '__principal__':
app.run(déboguer=Vrai)
```

Exécutez ce script avec `python app.py` et accédez à http://127.0.0.1:5000/ dans votre navigateur. Vous verrez `"Hello, World!"` s'afficher. Cet exemple illustre la simplicité de Flask : importer la bibliothèque, créer une instance d'application, définir une route et lancer le serveur.

La popularité de Flask tient à son extensibilité. On peut l'intégrer à des bibliothèques comme SQLAlchemy pour les bases de données ou Jinja2 pour la gestion des modèles, qui est fournie par défaut. De plus, son approche non prescriptive permet de laisser libre cours à la créativité en matière de conception, sans imposer de modèles spécifiques.

Flask trouve des applications concrètes dans les API RESTful pour applications mobiles, systèmes de gestion de contenu et tableaux de bord de données. Par exemple, Pinterest utilise Flask pour ses services backend en raison de sa rapidité et de son évolutivité. Étapes pratiques : après avoir installé Flask, créez votre première application comme indiqué ci-dessus. Expérimentez en modifiant l'instruction de retour pour inclure des balises HTML, comme `<h1>Hello, World!</h1>`, afin d'observer comment Flask gère les réponses HTML brutes.

Une erreur fréquente chez les débutants est d'oublier d'activer un environnement virtuel. Créez-en toujours un avec la commande `python -m venv venv` et activez-le (avec `source venv/bin/activate` sous Unix ou `venv\Scripts\activate` sous Windows) afin d'isoler les dépendances. Conseil : utilisez `debug=True` en développement pour obtenir des messages d'erreur utiles, mais désactivez-le en production pour des raisons de sécurité.

Comprendre le rôle de Flask dans le développement web en Python

Python est devenu un langage dominant pour le développement web grâce à sa lisibilité et à son vaste écosystème. Flask s'inscrit dans ce paysage en tant que micro-framework, contrairement aux solutions complètes comme Django. Alors que Django propose des fonctionnalités « clé en main » telles qu'un ORM, un panneau d'administration et l'authentification, Flask n'offre que les fonctionnalités de base : routage, gestion des requêtes et rendu des modèles. Cela rend Flask plus léger (moins de 100 Ko) et plus rapide à apprendre, mais nécessite le choix et l'intégration d'outils supplémentaires.

Flask sert d'interface entre votre code Python et le web. Il utilise le standard WSGI (Web Server Gateway Interface) pour communiquer avec les serveurs web. Lorsqu'un utilisateur accède à une URL, Flask la convertit en une fonction Python (vue), traite les données et renvoie une réponse, généralement au format HTML, JSON ou sous forme de redirection.

Examinons les concepts fondamentaux. Le routage permet à Flask d'associer les URL aux fonctions. Dans l'exemple précédent, `@app.route('/')` associe l'URL racine à `hello_world()`. Vous pouvez ajouter des éléments dynamiques : `@app.route('/user/<nom>')` permet de récupérer le nom d'utilisateur comme paramètre.

Les requêtes et les réponses sont gérées via l'objet requête. Par exemple, pour gérer les données de formulaire :

python
```
depuisfioleimporterFlasque, demande

application=Flasque(__nom__)

@app.route('/saluer', méthodes=['POSTE'])
def saluer():
    nom =formulaire de demande['nom']
    retourf'Bonjour, {nom}!'
```

Ce module accepte les données POST d'un formulaire. Les modèles utilisent Jinja2 pour séparer la logique de la présentation. Créez le fichier templates/index.html :

HTML
```
<!DOCTYPEHTML>
<HTML>
<tête><titre>Bonjour</titre</tête>
<corps><h1>Bonjour, {{ nom }} !</h1</corps>
</HTML>
```

Selon vous, alors :

python
```
depuisfioleimportermodèle de rendu

@app.route('/')
defindex():
   retourmodèle_rendu('index.html', nom='Monde')
```

Cela génère du HTML dynamique.

En développement web Python, Flask assure la liaison entre le scripting et le rendu côté serveur. Il est fréquemment utilisé pour les API dans les architectures de microservices, où il fournit des données JSON aux interfaces utilisateur comme React. Comparé à FastAPI (axé sur l'asynchrone) ou à Bottle (encore plus léger), Flask offre un bon compromis pour les applications généralistes.

Applications concrètes : les sites de commerce électronique utilisent Flask pour leur logique backend, notamment la gestion des paniers et des paiements via l'intégration Stripe. Les organismes gouvernementaux développent des outils internes avec Flask en raison de ses fonctionnalités de sécurité, telles que la protection CSRF intégrée.

Étapes à suivre : Installez Flask et créez une application de base avec routage et modèles. Ajoutez un formulaire :

Dans index.html, ajoutez `<form method="POST" action="/greet"><input name="name"><button>Envoyer</button></form>`. Exécutez et testez l'application.

Erreur fréquente : ne pas spécifier `methods=['GET', 'POST']` pour les routes gérant les formulaires, ce qui entraîne des erreurs 405. Conseil : utilisez `url_for()` pour générer les URL dynamiquement et éviter de les coder en dur.

L'écosystème Flask comprend des extensions comme Flask-RESTful pour les API ou Flask-Login pour l'authentification. Cette modularité permet d'appréhender l'architecture web, des protocoles HTTP à la gestion des sessions.

Concernant HTTP : Flask gère automatiquement les codes d'état (200 OK, 404 Not Found), mais vous pouvez les personnaliser avec abort(404). Les sessions stockent les données utilisateur entre les requêtes à l'aide de cookies : session['clé'] = valeur.

Pour les débutants, il est important de comprendre que Flask s'exécute sur un serveur de développement, et non en production. Utilisez Gunicorn ou uWSGI pour le déploiement.

Dans le domaine du développement web en Python, Flask promeut de manière souple le modèle MVC (Modèle-Vue-Contrôleur). Les modèles gèrent les données (via un ORM), les vues affichent le résultat et les contrôleurs traitent la logique.

Applications dans l'éducation : De nombreux cours en ligne utilisent Flask pour son efficacité à prototyper rapidement. Dans les startups, il est utilisé pour les MVP

(Produits Minimum Viables) afin de valider rapidement des idées.

Étapes : Étendez votre application avec les sessions. Importez la session depuis Flask, définissez app.secret_key = 'secret' et stockez des données telles que le nombre de visites.

Erreur : exposer la clé secrète dans le code ; utilisez des variables d'environnement. Conseil : déboguez avec des instructions d'affichage ou le système de journalisation de Flask.

Plan de cours et prérequis

Ce livre propose un parcours structuré, des bases au développement full-stack avancé avec Flask. Conformément au plan du cours, nous progresserons de manière logique, en acquérant les compétences progressivement.

Prérequis : Une connaissance de base de Python est indispensable (compréhension des variables, fonctions, boucles, conditions et modules). Aucune expérience préalable en développement web n'est requise, mais une familiarité avec HTML/CSS est un atout pour la création de modèles. Vous aurez besoin de Python 3.6 ou supérieur, d'un éditeur de code comme VS Code et d'une aisance avec la ligne de commande.

Le chapitre 1 (celui-ci) présente Flask et définit les attentes.

Le chapitre 2 aborde les notions fondamentales : routes, modèles, formulaires. Vous allez créer un site statique simple.

Le chapitre 3 explore les bases de données avec SQLAlchemy et PostgreSQL, et la création d'applications CRUD.

Le chapitre 4 est consacré à l'authentification : inscription, connexion, JWT.

Le chapitre 5 enseigne les API RESTful et les tests avec Postman.

Le chapitre 6 intègre Bootstrap pour l'interface utilisateur.

Le chapitre 7 présente les bases de React.

Le chapitre 8 établit le lien entre Flask et React pour une architecture complète.

Le chapitre 9 ajoute des fonctionnalités avancées telles que les téléchargements et les tests.

Le chapitre 10 traite du déploiement sur Heroku/Netlify.

Chaque chapitre comprend des exemples de code, des projets et des exercices.

Application concrète : cette feuille de route reflète les flux de travail de l'industrie, du prototypage à la production.

Étapes à suivre : Vérifiez les prérequis en écrivant un script Python simple : `def add(a, b): return a + b; print(add(2, 3))`. Installez les extensions VS Code pour Python et Flask.

Erreur : Négliger les prérequis, source de frustration. Conseil : Configurer Git dès le début pour la gestion des versions.

La feuille de route garantit un apprentissage pratique, avec des projets comme une application de gestion des tâches qui évoluent tout au long du processus.

Définir les attentes pour les projets pratiques

Ce livre met l'accent sur des projets pratiques pour consolider les concepts. Préparez-vous à coder en même temps que le programme, en partant de zéro. Les projets débutent par des notions simples (Hello World) et évoluent jusqu'à la création d'un gestionnaire de tâches complet avec interface React, base de données, authentification et déploiement.

Il vous faudra environ 10 à 20 heures par chapitre, selon votre expérience. Le code vous sera fourni, mais vous devrez le saisir vous-même pour apprendre.

Attendez-vous à relever des défis tels que le débogage d'erreurs, qui permettent de développer des compétences en résolution de problèmes. L'utilisation d'outils comme Stack Overflow sera recommandée.

Dans la réalité : ces projets préparent au travail indépendant ou aux entretiens d’embauche, domaines où les portfolios sont importants.

Étapes concrètes : Préparez votre environnement dès maintenant — installez Python, créez un dossier de projet, initialisez Git.

Erreur : Se précipiter sans tester ; toujours exécuter le code après de petites modifications. Conseil : Utiliser des environnements virtuels pour chaque projet.

À la fin, vous disposerez d'applications déployables, prêtes à être personnalisées.

Résumé des principaux points à retenir

- Flask est un micro-framework pour applications web Python, qui met l'accent sur la simplicité et la flexibilité.
- Les concepts fondamentaux incluent le routage, les requêtes, les modèles et les extensions.
- Prérequis : connaissances de base en Python ; la feuille de route couvre toutes les étapes, des bases au déploiement.
- Attendez-vous à des projets pratiques de développement d'applications réelles.

Exercices et défis

1. Créez une page d'accueil personnelle avec Flask : ajoutez des routes pour /about, /contact ; utilisez des modèles.
2. Ajoutez un formulaire qui envoie des e-mails (utilisez l'extension Flask-Mail).
3. Défi : Intégrer un point de terminaison API simple renvoyant des données JSON.
4. Déboguer une erreur intentionnelle : supprimez debug=True et corrigez les problèmes.

Entraînez-vous à ces exercices pour consolider votre compréhension.

Chapitre 1

Configuration de votre environnement de développement

Installation de Python

Python est la base du développement Flask. Flask fonctionne avec Python 3.6 ou une version ultérieure ; vous devez donc disposer d'une installation Python fonctionnelle. Téléchargez la dernière version stable depuis [lien manquant]. python.org.

Sur **Windows**:

1. Exécutez le programme d'installation.
2. Vérifier **« Ajouter Python au PATH »**en bas.
3. Cliquez sur « Installer maintenant ».

Sur **macOS**:

1. Ouvrez le fichier .pkg.
2. Suivez les instructions du programme d'installation.
3. Python 3 est installé sous le nom python3.

Sur **Linux (Ubuntu/Debian)**:

frapper

```
sudomise à jour apt
sudoapt install python3 python3-pip python3-venv
```

Vérifiez l'installation dans votre terminal :

```
frapper
python --version
# ou sur macOS/Linux
Python 3 --version
```

Vous devriez voir quelque chose comme Python 3.11.6.

Application concrète Des entreprises comme Instagram et Dropbox utilisent Python pour leurs services backend. L'utilisation d'une version de Python identique par toute l'équipe permet d'éviter les problèmes liés à la compatibilité sur différentes machines.

Étapes concrètes:

1. Téléchargez et installez Python.
2. Ouvrez l'invite de commandes (Windows) ou le terminal (macOS/Linux).
3. Exécutez la commande python --version pour confirmer.

Erreur courante Vous avez peut-être oublié d'ajouter Python à la variable d'environnement PATH sous Windows. Si Python n'est pas reconnu, réinstallez-le en cochant l'option PATH.

ConseilUtilisez python -m pip au lieu de pip pour vous assurer d'utiliser la version correcte de pip.

Création d'un environnement virtuel

Un environnement virtuel isole les dépendances d'un projet. Sans lui, l'installation globale de paquets peut engendrer des conflits de versions entre les projets.

Créez un dossier de projet :

frapper

```
mkdirflask-hello-world
CDflask-hello-world
```

Créez un environnement virtuel nommé venv :

frapper

```
python-mvenv venv
```

Activez-le :

- **Windows**:
  cmd
  ```
  venv\Scénarios\activer
  ```
- **macOS/Linux**:
  bash
  ```
  sourcevenv/bin/activate
  ```

Votre invite de commande devrait maintenant afficher (venv) au début.

Désactivation possible à tout moment avec :

frapper

```
désactiver
```

Application concrète En production, des outils comme Docker utilisent des environnements isolés. Les environnements virtuels en sont l'équivalent local et sont utilisés par 95 % des développeurs Python.

Étapes concrètes:

1. Créez un dossier de projet.
2. Exécutez les commandes venv ci-dessus.
3. Confirmez l'activation en vérifiant la version de Python (python --version) dans votre environnement.

Erreur courante Oublier d'activer l'environnement avant d'installer des paquets. Toujours activer d'abord.

ConseilAjoutez ultérieurement venv/ à .gitignore pour éviter d'inclure les fichiers d'environnement dans votre enregistrement.

Configurer VS Code comme environnement de développement intégré (IDE)

Visual Studio Code (VS Code) est un éditeur gratuit et léger offrant une excellente prise en charge de Python.

Télécharger depuis code.visualstudio.com.

Installez ces extensions :

1. **Python**(par Microsoft) – IntelliSense, débogage, analyse statique du code.
2. **Pylance**– Vérification rapide des types.
3. **Extraits de Flask**– Modèles de code (facultatifs).

Ouvrez votre projet :

frapper
code.

VS Code détecte automatiquement l'environnement virtuel s'il est activé dans le terminal.

Sélectionnez l'interprète :

1. Appuyez sur Ctrl+Shift+P → "Python : Sélectionner l'interpréteur".
2. Choisissez ./venv/... (celui de votre projet).

Application concrète Les équipes de Netflix et de Microsoft utilisent VS Code pour leurs projets Flask et Django en raison de son intégration Git et de ses outils de débogage.

Étapes concrètes:

1. Installez VS Code.
2. Ouvrez le dossier de votre projet.
3. Installez l'extension Python.
4. Sélectionnez l'interpréteur venv.

Erreur courante Utilisation de l'interpréteur Python global au lieu de l'interpréteur virtuel. Cela installe des paquets en dehors de votre projet.

Conseil: Activez la sauvegarde automatique (Fichier > Sauvegarde automatique) et le formatage à l'enregistrement (Ctrl+Maj+P → "Formatage à l'enregistrement").

Principes de base de Git et GitHub pour la gestion de versions

Git permet de suivre les modifications du code. GitHub héberge vos dépôts en ligne.

Installer Git :

- **Windows**: Télécharger depuis git-scm.com
- **macOS**: brew install git ou via les outils Xcode
- **Linux**: sudo apt install git

Configurer Git :

frapper
```
gitconfiguration --mondialnom_utilisateur "Votre nom"
gitconfiguration --mondialuser.email "you@example.com"
```

Créez un compte GitHub sur github.com.

Initialiser un dépôt :

frapper
```
gitchaleur
```

Créer un fichier .gitignore :

gitignore
```
venv/
__pycache__/
*.pyc
.env
exemple/
```

Étape et engagement :

frapper
git ajouter .
git commettre-m"Commit initial"

Créez un dépôt sur GitHub (sans fichier README, .gitignore ni licence).

Lien et poussée :

frapper
gitajout distant de l'origine
https://github.com/votre_nom_d_utilisateur/flask-hello-world.git
git bifurquer-M principal
git pousser-dansorigine principale

Application concrète Les extensions Flask open source comme Flask-Login sont maintenues sur GitHub. Les entreprises ont besoin de Git pour la collaboration et les revues de code.

Étapes concrètes:

1. Installez Git.
2. Configurer le nom/l'adresse e-mail.
3. Initialisez le dépôt et créez le fichier .gitignore.
4. Envoyer sur GitHub.

Erreur courante: Ajout du dossier venv/ à votre projet. Utilisez toujours le fichier .gitignore.

ConseilUtilisez régulièrement la commande `git status` pour voir ce qui a changé.

Installation de Flask et des extensions essentielles

Une fois l'environnement virtuel activé, installez Flask :

frapper
pépininstaller Flask

Installez les extensions utiles :

frapper
pépininstaller python-dotenv# *pour les fichiers .env*
pépininstaller flask-sqlalchemy# *ORM de base de données (aperçu)*

Geler les dépendances :

frapper
pépin geler>requirements.txt

Ce fichier répertorie les versions exactes des paquets à des fins de reproductibilité.

Application concrète Le fichier requirements.txt est utilisé lors du déploiement (Heroku, AWS). Il garantit des environnements cohérents.

Étapes concrètes:

1. Activer venv.
2. Exécutez pip install flask.
3. Créer le fichier requirements.txt.

Erreur courante: Installation de paquets sans environnement virtuel activé → pollution globale.

ConseilUtilisez la commande pip list pour vérifier les paquets installés.

Première application « Hello World » pour vérifier la configuration

Créer app.py :

python

```
depuisfioleimporterFlasque

application=Flasque(__nom__)

@app.route("/")
def Bonjour le monde():
   retour"<h1>Bonjour, monde !</h1>"

si __nom__ == "__principal__":
app.run(déboguer=Vrai)
```

Panne:

- Flask(__name__): Crée l'application, __name__ aide Flask à trouver des modèles.
- @app.route("/"): Associe l'URL racine à la fonction.
- app.run(debug=True) : Démarre le serveur de développement avec rechargement automatique.

Lancez l'application :

frapper
pythonapp.py

Visitez http://127.0.0.1:5000 dans votre navigateur.

Vous devriez voir un grand « Bonjour, monde ! ».

Application concrète: Il s'agit du point d'entrée pour les API (renvoyant du JSON) ou les applications Web (renvoyant du HTML).

Étapes concrètes:

1. Créez un fichier app.py contenant le code.
2. Exécutez-le.
3. Ouvrir le navigateur.

Erreur courante Exécution de flask run sans définir FLASK_APP. Nous utilisons python app.py pour plus de clarté.

Conseil: debug=True affiche les erreurs dans le navigateur. Désactiver en production.

Pratique : Créer et exécuter votre serveur Flask initial

Améliorons l'application.

Étape 1 : Ajouter un nouvel itinéraire

python
```
@app.route("/à propos de")
def à propos():
   retour"<h2>À propos de Flask</h2><p>Léger et
puissant !</p>"
```

Étape 2 : Utiliser des modèles

Créer une structure de dossiers :

texte
```
flask-hello-world/
├── app.py
├── modèles/
│   └── index.html
```

templates/index.html :

HTML
```
<!DOCTYPEHTML>
<HTML>
<tête>
<titre>Accueil</titre>
</tête>
<corps>
<h1>Bienvenue sur Flask !</h1>
<p><unhref="/à propos de">À propos</un</p>
</corps>
</HTML>
```

Mettre à jour app.py :

python
```
depuisfioleimporterFlask, modèle_de_rendu

application=Flasque(__nom__)
```

```
@app.route("/")
defindex():
   retourmodèle_rendu("index.html")

@app.route("/à propos de")
def à propos():
   retour"<h2>À propos de Flask</h2><p>Léger et
puissant !</p>"

si __nom__ == "__principal__":
app.run(déboguer=Vrai)
```

Étape 3 : Ajouter des données dynamiques

Mettre à jour index() :

python

```
@app.route("/")
defindex():
   nom =«Lecteur»
   retourmodèle_rendu("index.html", nom=nom)
```

Mettre à jour index.html :

HTML

```
<h1>Bienvenue, {{ name }} !</h1>
```

Étape 4 : Gérer les erreurs 404

python

```
@app.errorhandler(404)
defpage_introuvable(et):
   retour"<h1>404 - Page introuvable</h1>", 404
```

Étape 5 : Valider les modifications

frapper

```
git ajouter .
git commettre-m« Ajouter des modèles et un routage
dynamique »
git pousser
```

Application concrète Cette structure est utilisée dans les applications de production. Les modèles séparent la logique de la présentation.

Étapes concrètes:

1. Créez un dossier templates/ et un fichier index.html.
2. Mettez à jour app.py avec render_template.
3. Testez les URL /, /about et les URL invalides.

Erreur courante: Les modèles ont été placés dans le mauvais dossier. Le dossier doit être templates/.

ConseilUtilisez {{ url_for('about') }} dans les modèles pour les liens dynamiques.

Code fonctionnel complet

app.py:

python

```
depuisfioleimporterFlask, modèle_de_rendu

application=Flasque(__nom__)

@app.route("/")
defindex():
    nom =«Lecteur»
    retourmodèle_rendu("index.html", nom=nom)
```

```
@app.route("/à propos de")
def à propos():
   retour"<h2>À propos de Flask</h2><p>Léger et
puissant !</p>"

@app.errorhandler(404)
defpage_introuvable(et):
   retour"<h1>404 - Page introuvable</h1>", 404

si __nom__ == "__principal__":
app.run(déboguer=Vrai)
```

modèles/index.html:

```
HTML
<!DOCTYPEHTML>
<HTMLjuste="dans">
<tête>
<métajeu de caractères="UTF-8">
<titre>Accueil</titre>
</tête>
<corps>
<h1>Bienvenue, {{ name }} !</h1>
<p>Visitez <unhref="{{ url_for('about') }}">À propos</un</p>
</corps>
</HTML>
```

Résumé des principaux points à retenir

- Installez Python 3.6 ou une version supérieure et vérifiez la version avec la commande python --version.
- Utilisez des environnements virtuels (python -m venv) pour isoler les projets.

- Configurez VS Code avec l'extension Python et sélectionnez l'interpréteur venv.
- Initialisez Git, utilisez .gitignore et envoyez les modifications sur GitHub.
- Installez Flask avec pip install flask dans venv.
- Créez une application de base avec des routes, des modèles et une gestion des erreurs.
- Utilisez render_template() et Jinja2 {{ }} pour le contenu dynamique.

Exercices et défis

Exercice 1 : Site Web à plusieurs pages

Ajouter des itinéraires :

- /contact → renvoie les informations de contact.
- /profile/<nom_utilisateur> → page de profil dynamique. Mettez à jour index.html avec les liens de navigation à l'aide de url_for().

Exercice 2 : Variables d'environnement

Installez python-dotenv :

frapper

```
pépininstaller python-dotenv
```

Créer un fichier .env :

texte

```
NOM_APP=Mon application Flask
```

Charger dans app.py :

python
```
depuisdotenvimportercharger_dotenv
importer toi
charger_dotenv()
nom_de_l'application=os.getenv("APP_NAME")
```

À utiliser dans le modèle.

Exercice 3 : Fichiers statiques

Créer static/style.css :

CSS
```
corps{famille de polices:Arial;arrière-plan:#f0f0f0; }
h1{couleur:marine; }
```

Lien dans index.html :

HTML
```
<lienrelation="feuille de style"href="{{ url_for('static',
filename='style.css') }}">
```

Défi : Portfolio personnel

Créez un site de 3 pages :

- Accueil : Message de bienvenue.
- Projets : Citez 3 faux projets.
- Contact : Formulaire (POST vers /submit, retour « Merci ! »).

Utilisez des modèles, du CSS statique et des routes dynamiques.

Enregistrez toutes les modifications sur GitHub.

Chapitre 2

Principes fondamentaux de Flask – Routes, modèles et formulaires

Création de routes dynamiques et gestion des variables d'URL

Dans Flask, les routes associent des URL à des fonctions Python.**route statique**est fixe, comme /about. A**itinéraire dynamique**comprend des variables qui changent à chaque requête.

Utilisez les chevrons < > pour définir les variables :

```python
@app.route('/user/<nom_utilisateur>')
defafficher_utilisateur(nom d'utilisateur):
    retourf'Bonjour, {nom d'utilisateur}!'
```

Visitez /user/Alice → "Bonjour, Alice !"

Flask transmet la variable à la fonction. Vous pouvez spécifier le type :

```python
@app.route('/post/<int:post_id>')
defafficher_post(id_post):
    retourf'ID du message :{id_post}'
```

- <int:post_id> garantit que seuls les entiers sont acceptés.
- Autres convertisseurs : chaîne (par défaut), flottant, chemin (autorise les barres obliques), uuid.

Application concrète Les sites de commerce électronique utilisent /product/<int:id> pour afficher les articles individuels. Les réseaux sociaux utilisent /profile/<username>.

Étapes concrètes:

1. Créez un fichier app.py dans votre projet.
2. Ajoutez les deux itinéraires ci-dessus.
3. Exécutez et testez /user/John et /post/42.

Erreur courante: Oubli de redémarrer le serveur après les modifications du code (sauf si debug=True).

ConseilUtilisez url_for('function_name', param=value) dans les modèles pour éviter de coder en dur les URL.

Méthodes HTTP (GET, POST, etc.)

Par défaut, les routes n'acceptent que les routes**OBTENIR**Les requêtes GET servent à récupérer des données (sûres et idempotentes).

Utilisez methods=['GET', 'POST'] pour autoriser les autres :

python
```
@app.route('/se connecter', méthodes=['OBTENIR', 'POSTE'])
def se connecter():
```

```
siméthode de requête== 'POSTE':
    retour« Connecté ! »
retourAfficher le formulaire de connexion
```

Méthodes HTTP clés:

- **OBTENIR**: Récupérer la ressource.
- **POSTE**: Soumettre des données (formulaires, téléchargements de fichiers).
- **METTRE**: Mettre à jour la ressource.
- **SUPPRIMER**: Supprimer la ressource.

Accédez aux données du formulaire via request.form (POST) ou request.args (GET) :

python
```
depuisfioleimporter demande

@app.route('/recherche')
def recherche():
    requête =requête.args.get('q')
    retourfRecherche :{requête}'
```

Visitez /search?q=flask → "Recherche de : flask"

Application concrète Les API REST utilisent POST pour la création d'utilisateurs, GET pour l'affichage des listes, etc. Les moteurs de recherche utilisent des requêtes GET.

Étapes concrètes:

1. Ajouter la route /search.
2. Créer/soumettre avec gestion POST.
3. Test avec le navigateur et curl :
   bash
   ```
   boucle-XPOST http://localhost:5000/submit
   ```

```
-d"nom=Bob"
```

Erreur courante Utilisation de request.form pour une requête GET → Erreur 400 (Mauvaise requête). Utilisez request.args pour une requête GET.

ConseilToujours valider les entrées : si « nom » est présent dans request.form.

Présentation de Jinja2 pour la création de modèles HTML

Jinja2 est le moteur de templates par défaut de Flask. Il sépare le HTML de la logique Python.

Créer une structure de dossiers :

texte

```
projet/
├── app.py
└── modèles/
└── base.html
```

modèles/base.html:

HTML

```
<!DOCTYPEHTML>
<HTMLjuste="dans">
<tête>
<métajeu de caractères="UTF-8">
<titre>{% block title %}Mon application{% endblock %}</titre>
<lienrelation="feuille de style"href="{{ url_for('static', filename='style.css') }}">
</tête>
```

```
<corps>
<Non>
<unhref="{{ url_for('index') }}">Accueil</un> |
<unhref="{{ url_for('about') }}">À propos</un>
</Non>
<principal>
{% block content %}{% endblock %}
</principal>
</corps>
</HTML>
```

modèles/index.html:

HTML
```
{% extends "base.html" %}

{% block title %}Accueil{% endblock %}

{% block content %}
<h1>Bienvenue, {{ username }} !</h1>
<p>Ceci est la page d'accueil.</p>
{% endblock %}
```

app.py:

python
```
depuisfioleimporterFlask, modèle_de_rendu

application=Flasque(__nom__)

@app.route('/')
defindex():
    retourmodèle_rendu('index.html', nom d'utilisateur='Lecteur')
```

Syntaxe Jinja2:

- {{ variable }} → sortie
- {% nom du bloc %} → héritage de modèle

- {% if %} → flux de contrôle
- {{ url_for('func') }} → générer des URL

Application concrète Tous les principaux sites utilisent des modèles (Django, Rails). Cela évite la duplication de code grâce à l'héritage.

Étapes concrètes:

1. Créez les dossiers templates/ et static/.
2. Ajoutez les fichiers base.html et index.html.
3. Mettre à jour l'itinéraire pour afficher le modèle.

Erreur courante: Nom de dossier incorrect (template/ au lieu de templates/).

ConseilUtilisez {% raw %} et {% endraw %} pour échapper Jinja dans la documentation.

Création et traitement de formulaires HTML

Les formulaires permettent de recueillir les données saisies par l'utilisateur. Utilisez la méthode POST pour les soumettre de manière sécurisée.

modèles/contact.html:

HTML
```
{% extends "base.html" %}

{% block title %}Contactez-nous{% endblock %}

{% block content %}
<h1>Nous contacter</h1>
```

```
<formulaire méthode="POSTE" action="{{ url_for('contact') }}">
<étiquette>Nom : <saisir taper="texte" nom="nom"
requis</étiquette><br>
<étiquette>Courriel : <saisir taper="e-mail" nom="e-mail"
requis</étiquette><br>
<étiquette>Message : <zone de texte nom="message"
requis</zone de texte</étiquette><br>
<bouton taper="soumettre">Envoyer</bouton>
</formulaire>

{% if success %}
<p style="couleur : vert;"Message envoyé !p>
{% endif %}
{% endblock %}
```

app.py:

```
python
@app.route('/contact', méthodes=['OBTENIR', 'POSTE'])
def contact():
    siméthode de requête== 'POSTE':
        nom =formulaire de demande['nom']
        e-mail =formulaire de demande['e-mail']
        message =formulaire de demande['message']
# Dans l'application réelle : enregistrer dans la base de
données ou envoyer un e-mail
        imprimer(f"Depuis: {nom}<{e-mail}>:{message}")
        retourmodèle_rendu('contact.html', succès=Vrai)
    retourmodèle_rendu('contact.html')
```

Application concrète Formulaires de contact, pages de connexion, flux de paiement.

Étapes concrètes:

1. Créer le fichier contact.html.
2. Ajouter une route avec la logique POST.
3. Soumission du formulaire de test.

Erreur courante: Oubli de la méthode="POST" → données envoyées via URL (GET).

ConseilUtilisez required et type="email" pour la validation côté client.

Affichage de contenu dynamique avec des modèles Flask

Transmettre des données de Python aux modèles.

Exemple : Liste d'articles de blog

app.py:

```
python
messages=[
{"identifiant":1, "titre":« Premier message », "contenu":"Bonjour, Flask !"},
{"identifiant":2, "titre":"Apprendre le Jinja", "contenu":«Les modèles, c'est amusant !»}
]

@app.route('/blog')
defblog():
    retourmodèle_rendu('blog.html',
messages=messages,titre_de_la_page=« Mon blog »)
```

modèles/blog.html:

```
HTML
{% extends "base.html" %}

{% block title %}{{ page_title }}{% endblock %}
```

```
{% block content %}
<h1>{{ page_title }}</h1>
{% for post in posts %}
<article>
<h2><unhref="{{ url_for('post', post_id=post.id) }}">{{ post.title
}}</un</h2>
<p>{{ post.content }}</p>
</article>
  {% autre %}
<p>Aucun message pour l'instant.</p>
{% endfor %}
{% endblock %}
```

Vue d'un seul article:

```
python
@app.route('/post/<int:post_id>')
def poste(id_post):
   poste =
suivant((ppourpdansmessagessip['identifiant']==post_id),Aucun
)
   sinon poste:
abandonner(404)
   retourmodèle_rendu('post.html', poste=poste)
```

modèles/article.html:

```
HTML
{% extends "base.html" %}

{% block content %}
<h1>{{ post.title }}</h1>
<p>{{ post.content }}</p>
<unhref="{{ url_for('blog') }}">Retour au blog</un>
{% endblock %}
```

Application concrète Les plateformes CMS comme WordPress utilisent des boucles et des conditions similaires.

Étapes concrètes:

1. Ajouter la liste des articles et les itinéraires.
2. Créez les fichiers blog.html et post.html.
3. Test de navigation.

Erreur courante: Erreur de frappe dans le nom de la variable → UndefinedError.

ConseilUtilisez le filtre |safe si vous effectuez le rendu HTML : {{ content|safe }}.

Pratique : Créer une page simple de type blog avec des formulaires de saisie utilisateur

Construire un**mini livre d'or**application.

Structure du projet

texte

```
livre d'or/
├── app.py
├── requirements.txt
├── statique/
│   └── style.css
└── modèles/
├── base.html
```

```
├── index.html
└── ajouter.html
```

Étape 1 : Modèle de base

modèles/base.html:

HTML

```
<!DOCTYPEHTML>
<HTMLjuste="dans">
<tête>
<métajeu de caractères="UTF-8">
<titre>{% block title %}Livre d'or{% endblock %}</titre>
<lienrelation="feuille de style"href="{{ url_for('static',
filename='style.css') }}">
</tête>
<corps>
<en-tête>
<h1><unhref="{{ url_for('index') }}"Livre d'orun</h1>
<Non>
<unhref="{{ url_for('index') }}">Voir les entrées</un> |
<unhref="{{ url_for('add') }}">Ajouter une entrée</un>
</Non>
</en-tête>
<principal>
{% block content %}{% endblock %}
</principal>
</corps>
</HTML>
```

Étape 2 : Coiffure

statique/style.css:

CSS

```
corps{famille de polices:Arial,
sans-serif;marge:40px;arrière-plan:#f9f9f9; }
```

```
en-tête{bordure inférieure:1pxsolide
#ccc;rembourrage-fond:10px;marge inférieure:20px; }
h1, h2{couleur:#333; }
formulaire{arrière-plan:blanc;rembourrage:20px;rayon de
bordure:8px;ombre de boîte:0 2px5pxrgba(0,0,0,0,1); }
saisir, zone de
texte{largeur:100%;rembourrage:10px;marge:10px0;frontière:1
pxsolide #ddd;rayon de bordure:4px; }
bouton{arrière-plan:#007bff;couleur:blanc;rembourrage:10px20
px;frontière:aucun;rayon de bordure:4px;curseur:aiguille; }
bouton:flotter{arrière-plan:#0056b3; }
.entrée{arrière-plan:blanc;rembourrage:15px;marge:10px0;rayo
n de bordure:8px;ombre de boîte:0 1px3pxrgba(0,0,0,0,1); }
.entrée petit{couleur:#666; }
```

Étape 3 : Stockage des données (en mémoire)

app.py:

python

```
depuisfioleimporterFlask, render_template, request, redirect,
url_for
depuisdate et heureimporterdate et heure

application=Flasque(__nom__)
entrées=[]# Dans une application réelle : utiliser une base de
données

@app.route('/')
defindex():
   retourmodèle_rendu('index.html', entrées=renversé(entrées)

@app.route('/ajouter', méthodes=['OBTENIR', 'POSTE'])
def ajouter():
   siméthode de requête== 'POSTE':
      nom =formulaire de demande['nom'].bande()
      message =formulaire de demande['message'].bande()
      si nom et message:
```

```
entrées.append({
            'nom': nom,
            'message': message,
'horodatage': datetime.now()
})
       retourrediriger(url_pour('indice'))
   retourmodèle_rendu('ajouter.html')

si __nom__ == '__principal__':
app.run(déboguer=Vrai)
```

Étape 4 : Modèles

modèles/index.html:

HTML

```
{% extends "base.html" %}

{% block title %}Toutes les entrées{% endblock %}

{% block content %}
<h2>Inscriptions du livre d'or</h2>
{% if entries %}
{% pour l'entrée dans les entrées %}
<div classe="entrée">
<p><fort>{{ entry.name }}</fort> a dit :</p>
<p>{{ entry.message }}</p>
<petit>{{ entry.timestamp.strftime('%Y-%m-%d %H:%M')
}}</petit>
</div>
{% endfor %}
   {% autre %}
<p>Aucune entrée pour le moment. <unhref="{{ url_for('add')
}}"Soyez le premier !un</p>
{% endif %}
{% endblock %}
```

modèles/ajouter.html:

HTML

```
{% extends "base.html" %}

{% block title %}Ajouter une entrée{% endblock %}

{% block content %}
<h2>Ajouter un message</h2>
<formulaire méthode="POSTE">
<étiquette>
Votre nom :<br>
<saisir taper="texte" nom="nom"espace réservé obligatoire=«
John Doe »>
</étiquette>
<étiquette>
Message :<br>
<zone de texte nom="message"espace réservé obligatoire=«
Écrivez quelque chose… »</zone de texte>
</étiquette>
<bouton taper="soumettre">Publier un message</bouton>
</formulaire>
{% endblock %}
```

Étape 5 : Exécuter et tester

frapper

```
pythonapp.py
```

1. Allez dans /add → soumettre un message.
2. Redirige vers / → voir l'entrée.
3. Actualiser → persiste (jusqu'au redémarrage).

Application concrète Livres d'or, systèmes de commentaires, widgets de retour d'information.

Étapes concrètes:

1. Créez tous les fichiers comme indiqué.
2. Lancer le serveur.
3. Ajouter 3 entrées.
4. Validez sur GitHub.

Erreur courante: Ne pas utiliser reversed(entries) → les plus récents en dernier.

ConseilAjoutez ultérieurement une protection CSRF avec Flask-WTF.

Code fonctionnel complet

app.py:

python
```
depuisfioleimporterFlask, render_template, request, redirect,
url_for
depuisdate et heureimporterdate et heure

application=Flasque(__nom__)
entrées=[]

@app.route('/')
defindex():
  retourmodèle_rendu('index.html', entrées=renversé(entrées)

@app.route('/ajouter', méthodes=['OBTENIR', 'POSTE'])
def ajouter():
  siméthode de requête== 'POSTE':
    nom =requête.form.get('nom', '').bande()
    message =requête.form.get('message', '').bande()
    si nom et message:
entrées.append({
        'nom': nom,
        'message': message,
```

```
'horodatage': datetime.now()
})
      retourrediriger(url_pour('indice'))
   retourmodèle_rendu('ajouter.html')

si __nom__ == '__principal__':
app.run(déboguer=Vrai)
```

Résumé des principaux points à retenir

- Les routes dynamiques utilisent <variable> et des convertisseurs comme <int:id>.
- Spécifiez methods=['POST'] pour la gestion des formulaires.
- Utilisez request.form (POST) et request.args (GET).
- Jinja2 permet l'héritage de modèles ({% extends %}), les boucles et les conditions.
- La fonction render_template() transmet les données au HTML.
- Les formulaires utilisent la méthode="POST" et l'action.
- url_for() génère des URL sécurisées et dynamiques.
- Créez des mises en page réutilisables avec base.html.

Exercices et défis

Exercice 1 : Message d'accueil dynamique

Créez une page /greet/<nom> qui affiche un modèle :

HTML
```
<h1>Bonjour, {{ name|capitalize }}!</h1>
```

Exercice 2 : Filtre de recherche

Ajouter une fonction de recherche au blog :

- Formulaire sur /blog avec GET ?q=term
- Filtrer les publications par titre/contenu.

Exercice 3 : Messages flash

Utilisez la fonction flash() pour afficher « Message posté ! » après la redirection.

Défi : Liste de tâches (sans base de données)

Créez l'application complète :

- / → liste des tâches
- /ajouter → formulaire pour ajouter une tâche
- /delete/<id> → supprimer la tâche
- Stocker dans une liste, utiliser l'identifiant de len(tasks)+1

Ajoutez du CSS, utilisez {% pour %} avec enumerate.

Chapitre 3

Utilisation des bases de données – SQLAlchemy et PostgreSQL

Installation et configuration de l'ORM SQLAlchemy

SQLAlchemy est un outil de mappage objet-relationnel (ORM) pour Python. Il permet d'interagir avec les bases de données à l'aide de classes et d'objets Python plutôt que de requêtes SQL brutes. Le code s'en trouve ainsi clarifié et plus facile à maintenir. Flask-SQLAlchemy est une extension qui intègre SQLAlchemy à Flask, en gérant automatiquement les sessions et les configurations.

Commencez par installer Flask-SQLAlchemy dans votre environnement virtuel :

frapper

pépininstaller flask-sqlalchemy

Pour les migrations, installez Flask-Migrate (utilise Alembic) :

frapper

pépininstaller flask-migrate

Mettre à jour requirements.txt :

```
frapper
pépin geler>requirements.txt
```

Dans app.py, configurez :

```
python
depuisfioleimporterFlasque
depuisflask_sqlalchemyimporterSQLAlchemy
depuisflask_migrateimporterMigrer

application=Flasque(__nom__)
app.config['SQLALCHEMY_DATABASE_URI']='sqlite:///site.db'
# Commencez par SQLite
app.config['SQLALCHEMY_TRACK_MODIFICATIONS']=
FAUX# Économise les ressources

base de données=SQLAlchemy (application)
migration=Migrer(app, db)
```

SQLALCHEMY_DATABASE_URI est la chaîne de connexion. Pour SQLite, elle est basée sur un fichier. « sqlite:///site.db » crée le fichier site.db dans le dossier de votre projet.

Application concrète Les sites de commerce électronique utilisent SQLAlchemy pour gérer leurs stocks de produits, les comptes utilisateurs et les commandes. Cette solution est évolutive et convient à des applications comme le système d'administration de Pinterest.

Étapes concrètes:

1. Activer l'environnement virtuel.
2. Installer les paquets.
3. Ajoutez la configuration à app.py.
4. Exécutez la commande flask db init (après l'installation) pour créer le dossier migrations.

Erreur courante Un format d'URI incorrect provoque des erreurs de connexion. Pour SQLite, utilisez trois barres obliques.

Conseil: Utilisez .env pour les configurations sensibles : app.config['SQLALCHEMY_DATABASE_URI'] = os.getenv('DATABASE_URL').

SQLAlchemy prend en charge les dialectes pour MySQL, PostgreSQL, etc. Les sessions gèrent les transactions : db.session.add(obj) ; db.session.commit().

Définition des modèles de bases de données et de leurs relations

Les modèles sont des classes Python représentant les tables de la base de données. Ils héritent de db.Model.

Exemple de modèle utilisateur :

python
```
classe Utilisateur(base de données.Modèle):
   identifiant=db.Colonne(db.Entier,clé primaire=Vrai)
   nom d'utilisateur =db.Colonne(db.String(20),unique=Vrai,
annulable=FAUX)
   e-mail =db.Colonne(db.String(120),unique=Vrai,
annulable=FAUX)
   mot de passe =db.Colonne(db.String(60),annulable=FAUX)

def__repr__(soi):
      retourf"Utilisateur('{soi.nom d'utilisateur}', '{soi.e-mail}')"
```

Les colonnes définissent les champs : des types comme db.String, des contraintes comme unique.

Les relations relient les modèles. Dans le cas d'une relation un-à-plusieurs (un utilisateur a plusieurs publications) :

python
```
classe Poste(base de données.Modèle):
   identifiant=db.Colonne(db.Entier,clé primaire=Vrai)
   titre =db.Colonne(db.String(100),annulable=FAUX)
   contenu =db.Colonne(db.Text,annulable=FAUX)
   ID de l'utilisateur =db.Column(db.Integer, db.ForeignKey('ID
de l'utilisateur'),annulable=FAUX)

   auteur =db.relation('Utilisateur', référence arrière=«
messages », paresseux=Vrai)

def__repr__(soi):
      retourf"Poste('{soi.titre}')"
```

db.ForeignKey fait référence à User.id. db.relationship permet la navigation : user.posts ou post.author.

Pour les relations plusieurs-à-plusieurs, utilisez une table d'association :

python
```
étiquettes=db.Table('étiquettes',
db.Colonne('tag_id', db.Entier, db.CléÉtranger('tag.id'),clé
primaire=Vrai),
db.Colonne('post_id', db.Entier, db.CléÉtranger('post.id'),clé
primaire=Vrai)
)

classe Étiqueter(base de données.Modèle):
   identifiant=db.Colonne(db.Entier,clé primaire=Vrai)
   nom =db.Colonne(db.String(50),unique=Vrai)

classe Poste(base de données.Modèle):
# ... autres champs
```

étiquettes=db.relation('Étiqueter', secondaire=étiquettes,référence arrière=db.backref(« messages », paresseux='dynamique'))

Application concrète Les applications sociales comme Twitter exploitent les relations entre utilisateurs, les tweets et les mentions « J'aime ». Les plateformes d'apprentissage en ligne relient les cours, les étudiants et les inscriptions.

Étapes concrètes:

1. Ajoutez les modèles à models.py (à importer dans app.py).
2. Créer la base de données : flask db migrate -m "initial" ; flask db upgrade.
3. Test dans le shell : flask shell, from app import db, User; db.create_all() (si aucune migration).

Erreur courante: Oublier db.create_all() ou les migrations, ce qui entraîne l'absence de tables.

ConseilUtilisez __repr__ pour des impressions d'objets lisibles.

Les modèles peuvent avoir des méthodes : def save(self): db.session.add(self); db.session.commit().

Création et migration de bases de données

Pour créer une base de données, utilisez db.create_all() en développement, mais en production, utilisez les migrations.

Initialiser les migrations :

frapper
ballon initialisation de la base de données

Cela crée le dossier migrations/.

Générer la migration :

frapper
ballon migration de base de données-m"Ajouter un tableau d'utilisateurs"

Ce système détecte les changements et les enregistre.

Appliquer:

frapper
ballon mise à jour de la base de données

Pour annuler la modification : rétrogradation de la base de données Flask.

Pour la configuration initiale avec SQLite, exécutez cette commande après la définition des modèles.

Vous changez de base de données ? Mettez à jour l'URI et effectuez une nouvelle migration.

Application concrète Contrôle de version des schémas dans les environnements d'équipe, comme le déploiement de mises à jour sur AWS RDS sans perte de données.

Étapes concrètes:

1. Définir les modèles.
2. Exécutez flask db init, migrate, upgrade.
3. Vérifiez le fichier site.db avec le navigateur SQLite.

Erreur courante Migration en cours sans modifications détectées. Veuillez toujours modifier les modèles au préalable.

Conseil: Intégrez les fichiers de migration dans Git.

Les migrations suivent l'évolution du schéma : ajout de colonnes, d'index.

Exécution des opérations CRUD

CRUD : Créer, Lire, Mettre à jour, Supprimer.

Créer:

python
```
utilisateur = Utilisateur(nom d'utilisateur='John',
e-mail='john@example.com', mot de passe='passer')
db.session.add(utilisateur)
db.session.commit()
```

Lire:

Tous : User.query.all()

Filtre : User.query.filter_by(username='john').first()

Ordre : User.query.order_by(User.username.desc()).all()

Pagination : User.query.paginate(page=1, per_page=5)

Avec les relations : user.posts se charge paresseusement.

Mise à jour:

python
```
utilisateur =Utilisateur.requête.get(1)
utilisateur.email='new@example.com'
db.session.commit()
```

Supprimer:

python
```
db.session.supprimer(utilisateur)
db.session.commit()
```

Sur les itinéraires :

python
```
depuisfioleimporterrequête, redirection, url_for

@app.route('/ajouter_utilisateur', méthodes=['POSTE'])
defajouter_utilisateur():
   utilisateur = Utilisateur(nom d'utilisateur=formulaire de
demande['nom d'utilisateur'],...)
db.session.add(utilisateur)
db.session.commit()
   retourrediriger(url_pour('indice'))
```

Application concrète Les applications de blog permettent de créer des articles, de gérer des listes de lecture, de mettre à jour les modifications et de supprimer les spams.

Étapes concrètes:

1. Dans le shell Flask, créez un utilisateur.
2. Interroger et imprimer.
3. Mettre à jour et supprimer.

Erreur courante Oublier d'appeler commit() ne permet pas de conserver les modifications.

ConseilUtilisez try: db.session.commit() except: db.session.rollback() en cas d'erreurs.

Requêtes avancées : User.query.join(Post).filter(Post.title.like('%flask%')).

Intégration de PostgreSQL pour un stockage prêt pour la production

SQLite convient parfaitement au développement, mais PostgreSQL offre la concurrence et la scalabilité.

Installation de PostgreSQL (instructions 2025) :

Windows:

1. Téléchargez le programme d'installation depuis https://www.enterprisedb.com/downloads/postgres-postgresql-downloads(PostgreSQL 18).
2. Exécutez le programme d'installation, choisissez les composants (serveur, pgAdmin).
3. Définir le mot de passe de superutilisateur.
4. Installation complète.

Vérification : Ouvrez pgAdmin ou cmd : psql -U postgres, entrez le mot de passe.

macOS:

- Utilisation du programme d'installation EDB :

1. Télécharger depuis le site de l'EDB.
2. Exécutez le programme d'installation graphique et suivez les instructions.

- Utilisation de Postgres.app :

1. Télécharger depuis https://postgresapp.com.
2. Ouvrez l'application ; le serveur démarre.

- Utilisation de Homebrew :

1. brew install postgresql@18
2. les services brew démarrent postgresql@18

Vérifier : psql postgres

Linux (Ubuntu):

1. sudo apt mise à jour
2. Par défaut : sudo apt install postgresql
3. Pour plus de détails (18) : configurez le dépôt (voir les étapes manuelles), puis exécutez la commande sudo apt install postgresql-18

Vérifier : sudo -u postgres psql

Créer une base de données : Dans psql : CREATE DATABASE mydb ; CREATE USER myuser WITH PASSWORD 'pass' ; GRANT ALL PRIVILEGES ON DATABASE mydb TO myuser ;

Mise à jour de la configuration Flask :

python

```
app.config['SQLALCHEMY_DATABASE_URI']='postgresql://myuser:pass@localhost/mydb'
```

Remigration : Suppression de l'ancienne base de données, mise à niveau de la base de données Flask.

Application concrète Heroku utilise PostgreSQL pour les applications hébergées ; Netflix pour l'analyse des données.

Étapes concrètes:

1. Installez PostgreSQL.
2. Créer une base de données/un utilisateur.
3. Mettre à jour l'URI.
4. Migrer et tester.

Erreur courante: Des informations d'identification incorrectes dans l'URI entraînent un refus de connexion.

ConseilUtilisez le pilote psycopg2 : pip install psycopg2-binary

Pour la production, utilisez les variables d'environnement et le pooling.

Pratique : Créer une application de gestion des tâches avec stockage de données persistant

Créez une application de gestion des tâches stockant celles-ci dans PostgreSQL.

Structure:

texte
```
application_à_faire/
├── app.py
├── modèles.py
├── modèles/
│   ├── base.html
│   ├── index.html
```

```
| ├── ajouter_tâche.html
├── migrations/
└── requirements.txt
```

modèles.py:

```python
depuisapplicationimporterbase de données
depuisdate et heureimporterdate et heure

classe Tâche(base de données.Modèle):
   identifiant=db.Colonne(db.Entier,clé primaire=Vrai)
   titre =db.Colonne(db.String(100),annulable=FAUX)
   description =db.Colonne(db.Texte)
créé_à=db.Colonne(db.DateTime,défaut=datetime.utcnow)
   complété =db.Colonne(db.Booléen,défaut=FAUX)

def__repr__(soi):
      retourf"Tâche('{soi.titre}')"
```

app.py:

```python
depuisfioleimporterFlask, render_template, request, redirect,
url_for
depuisflask_sqlalchemyimporterSQLAlchemy
depuisflask_migrateimporterMigrer
importer toi

application=Flasque(__nom__)
app.config['SQLALCHEMY_DATABASE_URI']=os.getenv('URL
_DATABASE', 'sqlite:///tasks.db')
app.config['SQLALCHEMY_TRACK_MODIFICATIONS']= FAUX

base de données=SQLAlchemy (application)
migration=Migrer(app, db)

depuismodèlesimporter Tâche
```

```
@app.route('/')
defindex():
tâches=Tâche.requête.order_by(Tâche.created_at.desc()).all()
   retourmodèle_rendu('index.html', tâches=tâches)

@app.route('/ajouter', méthodes=['OBTENIR', 'POSTE'])
defajouter_tâche():
   siméthode de requête== 'POSTE':
      titre =formulaire de demande['titre']
      description =requête.form.get('description', '')
      tâche = Tâche(titre=titre, description=description)
db.session.add(tâche)
db.session.commit()
      retourrediriger(url_pour('indice'))
   retourmodèle_rendu('add_task.html')

@app.route('/complete/<int:task_id>')
deftâche_terminée(identifiant_de_tâche):
   tâche =Tâche.query.get_or_404(task_id)
tâche terminée= Vrai
db.session.commit()
   retourrediriger(url_pour('indice'))

@app.route('/supprimer/<int:task_id>')
defsupprimer_tâche(identifiant_de_tâche):
   tâche =Tâche.query.get_or_404(task_id)
db.session.supprimer(tâche)
db.session.commit()
   retourrediriger(url_pour('indice'))

@app.route('/update/<int:task_id>', méthodes=['OBTENIR',
'POSTE'])
deftâche_mise_à_jour(identifiant_de_tâche):
   tâche =Tâche.query.get_or_404(task_id)
   siméthode de requête== 'POSTE':
tâche.titre=formulaire de demande['titre']
description de la tâche=requête.form.get('description', '')
db.session.commit()
      retourrediriger(url_pour('indice'))
   retourmodèle_rendu('update_task.html', tâche=tâche)
```

```
si __nom__ == '__principal__':
app.run(déboguer=Vrai)
```

modèles/base.html:

```
HTML
<!DOCTYPEHTML>
<HTMLjuste="dans">
<tête>
<métajeu de caractères="UTF-8">
<titre>{% block title %}Gestionnaire de tâches{% endblock
%}</titre>
<style>corps{famille de polices:Arial; }.complété{décoration de
texte:ligne traversante; } </style>
</tête>
<corps>
<en-tête>
<h1Gestionnaire de tâchesh1>
<unhref="{{ url_for('index') }}">Accueil</un> | <unhref="{{
url_for('add_task') }}">Ajouter une tâche</un>
</en-tête>
<principal>
{% block content %}{% endblock %}
</principal>
</corps>
</HTML>
```

modèles/index.html:

```
HTML
{% extends 'base.html' %}

{% block content %}
<h2>Vos tâches</h2>
{% if tâches %}
<ul>
{% pour tâche dans tâches %}
<que classe="{% if task.completed %}terminé{% endif %}">
```

```
<fort>{{ task.title }}</fort>: {{ task.description }} ({{
task.created_at }})
<unhref="{{ url_for('update_task', task_id=task.id)
}}">Modifier</un>
<unhref="{{ url_for('complete_task', task_id=task.id)
}}">Terminé</un>
<unhref="{{ url_for('delete_task', task_id=task.id)
}}">Supprimer</un>
</que>
{% endfor %}
</ul>
   {% autre %}
<pAucune tâche pour le moment.p>
{% endif %}
{% endblock %}
```

modèles/ajouter_tâche.html:

HTML
```
{% extends 'base.html' %}

{% block content %}
<h2>Ajouter une nouvelle tâche</h2>
<formulaire méthode="POSTE">
<étiquette>Titre : <saisir taper="texte" nom="titre"
requis</étiquette><br>
<étiquette>Description : <zone de texte
nom="description"</zone de texte</étiquette><br>
<bouton taper="soumettre">Ajouter</bouton>
</formulaire>
{% endblock %}
```

modèles/mise_à_jour_tâche.html:

HTML
```
{% extends 'base.html' %}

{% block content %}
<h2>Mettre à jour la tâche</h2>
```

```
<formulaire méthode="POSTE">
<étiquette>Titre : <saisir taper="texte" nom="titre" valeur="{{
task.title }}" requis</étiquette><br>
<étiquette>Description : <zone de texte nom="description">{{
tâche.description }}</zone de texte</étiquette><br>
<bouton taper="soumettre">Mise à jour</bouton>
</formulaire>
{% endblock %}
```

Installation:

1. Initialisation de la base de données Flask
2. flask db migrate -m "table des tâches"
3. mise à niveau de la base de données Flask
4. Exécutez python app.py

Ajouter des tâches, les terminer, les mettre à jour, les supprimer. Les données sont conservées.

Pour PostgreSQL : définissez DATABASE_URL=postgresql://user:pass@localhost/dbname dans .env, chargez avec dotenv.

Application concrète Les applications de type Trello stockent les tâches de manière permanente.

Étapes concrètes:

1. Créer des fichiers.
2. Migrer la base de données.
3. Test CRUD.

Erreur courante: L'absence de get_or_404 entraîne l'absence d'erreurs.

ConseilAjoutez une pagination pour les listes longues.

Résumé des principaux points à retenir

- Installez Flask-SQLAlchemy et Flask-Migrate via pip.
- Configurer avec SQLALCHEMY_DATABASE_URI.
- Définissez les modèles comme des classes avec des colonnes et des relations.
- Utilisez les migrations : init, migrate, upgrade.
- CRUD : ajouter/valider pour créer ; interroger pour lire ; modifier/valider pour mettre à jour ; supprimer/valider.
- Intégrer PostgreSQL en production : installer, créer la base de données, mettre à jour l'URI.

Exercices et défis

1. Ajouter un modèle Utilisateur avec une relation tâches (un-à-plusieurs).
2. Mise en œuvre de la recherche : /search?q=tâches de filtrage des termes.
3. Ajoutez une colonne due_date et triez selon cette colonne.
4. Défi : Authentification des utilisateurs (simple), tâches par utilisateur. Migration vers PostgreSQL, déploiement local.

Chapitre 4

Authentification et sécurité des utilisateurs

Mise en œuvre des systèmes d'inscription et de connexion des utilisateurs

L'authentification des utilisateurs permet de vérifier qui accède à votre application. L'inscription crée de nouveaux comptes, tandis que la connexion permet d'accéder aux comptes existants. Avec Flask, utilisez des extensions comme Flask-Login pour l'authentification par session et des formulaires pour la saisie de données.

Commencez par l'inscription : recueillir le nom d'utilisateur, l'adresse électronique et le mot de passe via un formulaire, les valider et les stocker dans une base de données.

Connexion : Vérifier les identifiants par rapport aux données enregistrées.

Installer les extensions :

frapper
pépininstaller flask-login flask-wtf flask-bcrypt

Flask-WTF gère les formulaires avec protection CSRF. Flask-Bcrypt est utilisé pour le hachage (alternative à Werkzeug).

Mais utilisez Werkzeug comme indiqué.

Flask intègre werkzeug.security pour le hachage.

Pour les formulaires, Flask-WTF :

python
```
depuisflacon_wtfimporterForme de bouteille
depuiswtformsimporterChamp de chaîne, Champ de mot de passe, Champ de soumission
depuiswtforms.validatorsimporterDonnées requises, Longueur, Courriel, Égal à

classeFormulaire d'inscription(Forme de bouteille):
   nom d'utilisateur =Champ de chaîne('Nom d'utilisateur', validateurs=[DonnéesRequises(), Longueur(min=2, max=20)])
   e-mail =Champ de chaîne('E-mail', validateurs=[DonnéesRequises(), Email()])
   mot de passe =Champ de mot de passe('Mot de passe', validateurs=[DonnéesRequises()])
   Confirmez le mot de passe =Champ de mot de passe('Confirmez le mot de passe', validateurs=[DonnéesRequises(), ÉgalÀ('mot de passe')])
   soumettre =SoumettreChamp('S'inscrire')

classeFormulaire de connexion(Forme de bouteille):
   e-mail =Champ de chaîne('E-mail', validateurs=[DonnéesRequises(), Email()])
   mot de passe =Champ de mot de passe('Mot de passe', validateurs=[DonnéesRequises()])
   soumettre =SoumettreChamp('Se connecter')
```

Dans app.py :

python

```
depuisfioleimporterrender_template, url_for, flash, redirection, requête
depuisflask_loginimporterGestionnaire de connexion, UserMixin, utilisateur_connexion, utilisateur_actuel, utilisateur_déconnexion, connexion_obligatoire
depuiswerkzeug.sécuritéimportergénérer_hachage_mot_de_passe, vérifier_hachage_mot_de_passe

# Supposons que la base de données provienne du chapitre 3
classe Utilisateur(base de données.Modèle, UserMixin):
   identifiant=db.Colonne(db.Entier,clé primaire=Vrai)
   nom d'utilisateur =db.Colonne(db.String(20),unique=Vrai, annulable=FAUX)
   e-mail =db.Colonne(db.String(120),unique=Vrai, annulable=FAUX)
   mot de passe =db.Colonne(db.String(60),annulable=FAUX)

gestionnaire_de_connexion=Gestionnaire de connexion (application)
login_manager.login_view= 'se connecter'# Rediriger les utilisateurs non authentifiés vers la page de connexion

@login_manager.user_loader
defcharger_utilisateur(ID de l'utilisateur):
   retourUtilisateur.requête.get(int(ID de l'utilisateur))
```

Parcours d'inscription :

python

```
@app.route('/registre', méthodes=['OBTENIR', 'POSTE'])
def registre():
   siL'utilisateur actuel est authentifié :
      retourrediriger(url_pour('indice'))
   formulaire =Formulaire d'inscription()
   siform.validate_on_submit():
mot de passe haché=générer_hash_mot_de_passe(formulaire.mot_de_passe.données)
```

```
        utilisateur = Utilisateur(nom
d'utilisateur=formulaire.nom_utilisateur.données,e-mail=formula
ire.email.data,mot de passe=hashed_pw)
db.session.add(utilisateur)
db.session.commit()
        éclair(Compte créé !, 'succès')
        retourrediriger(url_pour('se connecter'))
    retourmodèle_rendu('register.html', formulaire=formulaire)
```

Itinéraire de connexion :

python

```
@app.route('/se connecter', méthodes=['OBTENIR', 'POSTE'])
def se connecter():
    siL'utilisateur actuel est authentifié :
        retourrediriger(url_pour('indice'))
    formulaire =Formulaire de connexion()
    siform.validate_on_submit():
        utilisateur
=Utilisateur.requête.filtrer_par(e-mail=form.email.data).first()
        si utilisateur
etvérifier_hachage_mot_de_passe(utilisateur.mot_de_passe,
formulaire.mot_de_passe.données) :
connexion_utilisateur(utilisateur)
page_suivante=requête.args.get('suivant')

retourredirection(page_suivante)sipage_suivanteautrerediriger(
url_pour('indice'))
        autre:
            éclair(« Échec de la connexion. Veuillez vérifier votre
adresse e-mail et votre mot de passe. », 'danger')
    retourmodèle_rendu('login.html', formulaire=formulaire)
```

Modèles (register.html, similaire pour la connexion) :

HTML

```
{% extends "base.html" %}
{% block content %}
<h2>S'inscrire</h2>
```

```
<formulaire méthode="POSTE">
{{ form.hidden_tag() }}
{{ form.username.label }} {{ form.username }}<br>
{{ form.email.label }} {{ form.email }}<br>
{{ form.password.label }} {{ form.password }}<br>
{{ form.confirm_password.label }} {{ form.confirm_password
}}<br>
{{ form.submit }}
</formulaire>
{% endblock %}
```

Application concrète Les sites de commerce électronique comme Amazon utilisent l'inscription pour une expérience d'achat personnalisée et la connexion pour les commandes.

Étapes concrètes:

1. Installez les extensions.
2. Ajouter le modèle Utilisateur et les formulaires.
3. Créer des itinéraires, des modèles.
4. Migrer la base de données : flask db migrate -m "ajouter des utilisateurs", mise à niveau.
5. Test d'inscription/connexion.

Erreur courante: Oubli de form.hidden_tag() pour la protection CSRF.

ConseilUtiliser le flash pour les messages ; les catégoriser comme « succès » ou « danger ».

Hachage de mot de passe avec un outil

Stocker les mots de passe en clair est dangereux ; le hachage les transforme en chaînes de caractères irréversibles.

La fonction generate_password_hash(password, method='pbkdf2:sha256', salt_length=8) de Werkzeug crée des hachages salés.

check_password_hash(hashed, password) vérifie.

Lors de l'inscription : hacher avant d'enregistrer.

Lors de la connexion : vérification par rapport au hachage enregistré.

Pourquoi du sel ? Pour prévenir les attaques de la table arc-en-ciel.

Méthodes : pbkdf2 fort ; scrypt ou argon2 via des extensions pour de meilleures performances.

Exemple:

```python
haché=générer_hash_mot_de_passe('monsecret')# par exemple, 'pbkdf2:sha256:600000$randomsalt$longhash'
imprimer(vérifier_le_hachage_mot_de_passe(haché,'monsecret'))# Vrai
imprimer(vérifier_le_hachage_mot_de_passe(haché,'faux'))# FAUX
```

Mettez à jour le modèle utilisateur si nécessaire.

Application concrète Les banques hachent les mots de passe pour se protéger contre les violations de données ; même en cas de fuite de la base de données, les mots de passe restent sécurisés.

Étapes concrètes:

1. Importer generate_password_hash, check_password_hash.
2. Hachage lors de l'inscription.
3. Vérifiez votre identifiant.

Erreur courante Stocker les mots de passe en clair ; toujours les hacher.

Conseil: Augmentez le nombre d'itérations pour obtenir des hachages plus robustes : generate_password_hash(pw, method='pbkdf2:sha256:600000').

Fonctionnalités de gestion de session et de déconnexion

Les sessions stockent les données utilisateur entre les requêtes via des cookies.

Flask-Login gère : login_user(user, remember=True) définit la session.

L'utilisateur actuel accède à l'utilisateur connecté.

Déconnexion :

```python
@app.route('/déconnexion')
defdéconnexion():
déconnexion_utilisateur()
   retourrediriger(url_pour('indice'))
```

Ajouter à la navigation : {% if current_user.is_authenticated %} <a href="{{

url_for('logout') }}">Déconnexion</a> {% else %} <a href="{{ url_for('login') }}">Connexion</a> {% endif %}

Les sessions expirent à la fermeture du navigateur ; utilisez remember=True pour la persistance des cookies.

Configuration : app.secret_key = 'votre_clé_secrète' pour la signature.

Application concrète Les réseaux sociaux vous maintiennent connecté ; la déconnexion efface la session.

Étapes concrètes:

1. Définir la clé secrète.
2. Ajouter une route de déconnexion.
3. Mettre à jour les modèles pour les liens conditionnels.

Erreur courante: Aucune clé secrète → erreurs de session.

ConseilUtilisez PERMANENT_SESSION_LIFETIME pour définir la durée.

Sécurisation des routes avec exigences de connexion

Protégez les routes avec @login_required.

Exemple de profil :

python
```
@app.route('/profil')
@connexion_obligatoire
def profil():
    retourf'Bonjour, {nom_utilisateur_actuel}!'
```

Les utilisateurs non authentifiés sont redirigés vers login_manager.login_view.

Pour les tâches dans l'application, associez-les à l'utilisateur :

Modèle de tâche de mise à jour :

python
```
classe Tâche(base de données.Modèle):
   # ... existant
   ID de l'utilisateur =db.Column(db.Integer, db.ForeignKey('ID
de l'utilisateur'),annulable=FAUX)
   utilisateur =db.relation('Utilisateur', référence arrière=«
tâches »)
```

Dans add_task :

python
```
tâche = Tâche(titre=..., ID de l'utilisateur=current_user.id)
```

Dans l'index : tâches = utilisateur_actuel.tâches

Routes sécurisées : ajoutez @login_required aux routes des tâches.

Application concrète Les tableaux de bord affichent des données spécifiques à l'utilisateur ; accès non autorisé refusé.

Étapes concrètes:

1. Ajoutez @login_required aux routes protégées. ·
2. Associer les modèles à l'identifiant utilisateur.

Erreur courante Oublier une relation ; provoque des problèmes de requête.

ConseilUtilisez current_user.is_anonymous pour les vérifications.

Introduction des jetons JWT pour l'authentification sans état

JWT (JSON Web Tokens) pour les API : sans état, sans sessions.

Les jetons contiennent des revendications, signées.

Installez flask-jwt-extended :

frapper
```
pépininstaller flask-jwt-extended
```

Configuration :

python
```
depuisflask_jwt_extendedimporterJWTManager,
créer_jeton_d_accès, jwt_requis, obtenir_identité_jwt

app.config['JWT_SECRET_KEY']='jwt_secret'
jwt=JWTManager(app)
```

Générer un jeton lors de la connexion :

python
```
# Après une connexion réussie
jeton d'accès=créer_jeton_d'accès(identité=ID de l'utilisateur)
retourjsonify(jeton d'accès=jeton_d'accès)
```

Protéger les routes API :

python

```
@app.route('/api/tasks', méthodes=['OBTENIR'])
@jwt_requis()
defobtenir_tâches():
   ID de l'utilisateur =obtenir_l'identité_jwt()
tâches=Tâche.requête.filtrer_par(ID de
l'utilisateur=utilisateur_id).all()
   retourjsonify([tâche.titrepour tâche danstâches])
```

Vérifier : Envoyer l'autorisation : en-tête Bearer <token>.

Jetons d'actualisation pour un accès de longue durée.

Application concrète Les applications mobiles utilisent JWT pour l'authentification sans sessions ; évolutif pour les microservices.

Étapes concrètes:

1. Installer et configurer JWT.
2. Ajouter la génération de jetons lors de la connexion.
3. Protéger les points de terminaison de l'API.

Erreur courante: Divulgation de la clé secrète.

Conseil: Définir JWT_ACCESS_TOKEN_EXPIRES pour l'expiration.

Pratique : Ajoutez des profils d'utilisateurs sécurisés à votre application de tâches

Améliorer l'application de tâches Ch3 avec l'authentification et les profils.

Structure complète :

Ajoutez le modèle Utilisateur comme ci-dessus.

Mettez à jour le fichier app.py avec LoginManager, les formulaires et les routes pour l'inscription/la connexion/la déconnexion.

Associer les tâches à l'utilisateur.

Parcours du profil :

python
```
@app.route('/profil')
@connexion_obligatoire
def profil():
tâches=tâches de l'utilisateur actuel
   retourmodèle_rendu('profile.html',
utilisateur=utilisateur_actuel,tâches=tâches)
```

profil.html:

HTML
```
{% extends "base.html" %}
{% block content %}
<h2Profil de {{ user.username }}</h2>
<p>Courriel : {{ user.email }}</p>
<h3>Vos tâches</h3>
<ul>
{% pour tâche dans tâches %}
<que>{{ task.title }} - {% if task.completed %}Terminé{% else
%}En attente{% endif %}</que>
{% endfor %}
</ul>
{% endblock %}
```

Mettre à jour l'index pour n'afficher que les tâches de l'utilisateur, ajouter @login_required.

Ajouter un jeton JWT pour /api/profile :

python
```
@app.route('/api/profile', méthodes=['OBTENIR'])
@jwt_requis()
defprofil_API():
   ID de l'utilisateur =obtenir_l'identité_jwt()
   utilisateur =Utilisateur.query.get(user_id)
   retourjsonify(nom
d'utilisateur=utilisateur.nom_utilisateur,e-mail=utilisateur.email)
```

Lors de la connexion, retour de jeton facultatif.

Migrer pour user_id dans la tâche.

Test : S'inscrire, se connecter, ajouter des tâches, consulter son profil, se déconnecter.

Pour JWT : Postez la connexion pour obtenir le jeton, utilisez-le dans les appels API (testez avec Postman).

Application concrète Les applications de productivité comme Todoist sécurisent les données des utilisateurs.

Étapes concrètes:

1. Ajouter des extensions d'authentification et des modèles.
2. Implémenter les routes/formulaires.
3. Sécuriser les itinéraires des tâches.
4. Ajouter un profil.
5. Test de débit complet.

Erreur courante: Migration impossible après les modifications du modèle.

ConseilUtilisez Bcrypt pour un hachage plus robuste si nécessaire.

Résumé des principaux points à retenir

- Inscription/connexion avec formulaires, hachage.
- Outil pour les mots de passe sécurisés.
- Sessions via Flask - Connexion, déconnexion.
- @login_required pour la protection.
- JWT pour l'authentification des API sans état.

Exercices et défis

1. Ajouter la réinitialisation du mot de passe par e-mail (utiliser Flask-Mail).
2. Mettre en œuvre un contrôle d'accès basé sur les rôles (administrateur/utilisateur).
3. Ajouter la connexion via les réseaux sociaux (OAuth avec Flask-Dance).
4. Défi : Convertir une application de tâches pour utiliser uniquement JWT et supprimer les sessions.

Chapitre 5

Création d'API RESTful avec Flask

Conception de points de terminaison d'API pour l'échange de données

Les API RESTful suivent les principes du transfert d'état représentationnel (REST), permettant aux clients (applications mobiles ou sites web) d'interagir avec les données de votre serveur via les méthodes HTTP standard. REST est sans état : chaque requête contient toutes les informations nécessaires et traite les données comme des ressources (par exemple, les « tâches » comme une collection).

Les méthodes HTTP de base correspondent aux opérations CRUD :

- **OBTENIR**: Récupérer les données (lire).
- **POSTE**: Créer de nouvelles données.
- **METTRE** ou **CORRECTIF**Mettre à jour les données existantes.
- **SUPPRIMER**Supprimer les données.

Concevez les points de terminaison de manière hiérarchique. Pour une application de tâches :

- /api/tasks : GET pour toutes les tâches, POST pour en ajouter une.
- /api/tasks/<id> : GET pour une tâche spécifique, PUT pour mettre à jour, DELETE pour supprimer.

Dans Flask, utilisez @app.route avec les méthodes :

```
python
depuisfioleimporterFlask, jsonification, requête

application=Flasque(__nom__)

tâches=[]# En mémoire par exemple ; utiliser une base de données dans des applications réelles

@app.route('/api/tasks', méthodes=['OBTENIR'])
defobtenir_tâches():
   retourjsonify(tâches)

@app.route('/api/tasks', méthodes=['POSTE'])
defcréer_tâche():
   tâche =requête.json
tâches.ajouter(tâche)
   retourjsonify(tâche),201

@app.route('/api/tasks/<int:task_id>', méthodes=['OBTENIR'])
defobtenir_tâche(identifiant_de_tâche):
   siidentifiant_de_tâche<seulement(tâches) :
      retourjsonify(tâches[id_tâche])
   retourjsonify({'erreur':« Tâche introuvable »}),404
```

Cette configuration échange des données au format JSON. Les clients envoient des requêtes ; le serveur répond par des codes d'état (200 OK, 201 Created, 404 Not Found).

Utilisez un système de versionnage comme /api/v1/tasks pour permettre des modifications futures sans perturber les clients.

Application concrète Les API de commerce électronique comme celle de Shopify permettent aux applications de récupérer des produits (GET /products) ou d'ajouter des commandes (POST /orders).

Étapes concrètes:

1. Créez un fichier app.py avec le code ci-dessus.
2. Exécutez le fichier python app.py.
3. Utilisez un navigateur pour la requête GET /api/tasks — le tableau est vide.

Erreur courante: Oublier methods=['POST']—par défaut GET, provoquant des erreurs 405.

ConseilUtilisez des convertisseurs d'entiers <int:task_id> pour garantir la sécurité des types.

Les points de terminaison doivent être des noms (ressources), et non des verbes. Évitez /api/getTasks ; utilisez /api/tasks.

Gestion des requêtes et réponses JSON

JSON est la norme pour l'échange de données API : léger et indépendant du langage.

Dans Flask, analysez le JSON entrant avec request.json (pour les requêtes POST/PUT). Répondez avec jsonify() pour définir Content-Type : application/json.

Exemple d'expansion du précédent :

```python
@app.route('/api/tasks', méthodes=['POSTE'])
defcréer_tâche():
   sinonrequête.jsonou 'titre'pas dansrequest.json :
      retourjsonify({'erreur':'Mauvaise demande'}),400
   tâche ={
      'identifiant':seulement(tâches)+1,
      'titre': requête.json['titre'],
      'description': requête.json.get('description', '')
}
tâches.ajouter(tâche)
   retourjsonify(tâche),201
```

Pour les mises à jour :

```python
@app.route('/api/tasks/<int:task_id>', méthodes=['METTRE'])
deftâche_mise_à_jour(identifiant_de_tâche):
   siidentifiant_de_tâche>=seulement(tâches) :
      retourjsonify({'erreur':« Tâche introuvable »}),404
   données =requête.json
tâches[id_tâche]['titre']=données.get('titre',
tâches[id_tâche]['titre'])
tâches[id_tâche]['description']=données.get('description',
tâches[id_tâche]['description'])
   retourjsonify(tâches[id_tâche])
```

Gérez les tableaux et les objets de manière transparente. Pour les charges utiles volumineuses, utilisez `request.get_json(force=True)` si l'en-tête `Content-Type` est absent.

Intégration avec la base de données (à partir du chapitre 3) : remplacer les listes par Task.query.all(), sérialiser avec des dictionnaires.

python
```
deftâche_vers_dict(tâche):
    retour{'identifiant': tâche.id,'titre': titre de la tâche,'description':
tâche.description}

@app.route('/api/tasks', méthodes=['OBTENIR'])
defobtenir_tâches():
tâches=Tâche.requête.tous()
    retourjsonify([t_to_dict(t)pourtdanstâches])
```

Application concrète Les applications météo récupèrent des données JSON à partir d'API comme OpenWeatherMap (GET /weather?city=London renvoie des données JSON).

Étapes concrètes:

1. Ajoutez la route PUT à votre application.
2. Test manuel : Utilisez curl curl -X POST -H "Content-Type: application/json" -d '{"title":"Acheter du lait"}' http://localhost:5000/api/tasks.
3. Vérifiez la réponse JSON.

Erreur courante: En supposant que request.json existe toujours, vérifiez avec if request.is_json.

ConseilUtilisez jsonify() pour l'échappement/la sérialisation automatique.

Pour l'authentification, ajoutez des en-têtes comme Authorization (traité plus loin).

Gestion des erreurs et validation dans les API

Les API robustes gèrent les erreurs avec élégance, en renvoyant des messages et des codes JSON significatifs.

Utilisez abort(code, description) ou des gestionnaires personnalisés.

python
```
depuisfioleimporteravortement

@app.route('/api/tasks/<int:task_id>',
méthodes=['SUPPRIMER'])
defsupprimer_tâche(identifiant_de_tâche):
   siidentifiant_de_tâche>=seulement(tâches) :
abandonner(404, description="Tâche introuvable")
   de latâches[id_tâche]
   retour'', 204
```

Gestionnaire d'erreurs personnalisé :

python
```
@app.errorhandler(404)
defintrouvable(erreur):
   retourjsonify({'erreur':str(erreur)}), 404
```

La validation garantit la qualité des données saisies. Utilisez Marshmallow pour les schémas :

Installation : pip install marshmallow

python
```
depuisguimauveimporterSchéma, champs, erreur de validation

classeSchéma des tâches(Schéma):
   titre =champs.Str(requis=Vrai,
valider=lambdas:seulement(s)>0)
   description =champs.Str()

schéma_de_tâche=Schéma de tâche()
```

En route :

python
```
@app.route('/api/tasks', méthodes=['POSTE'])
defcréer_tâche():
   essayer:
      données =task_schema.load(request.json)
   saufErreur de validationcommeerreur :
      retourjsonify({'erreur': err.messages}),400
# Poursuivre avec des données valides
```

Cela vérifie les types et les champs obligatoires.

Pour garantir l'intégrité de la base de données, interceptez les exceptions :

python
```
essayer:
db.session.commit()
saufErreur d'intégrité :
db.session.rollback()
   retourjsonify({'erreur':'Entrée en double'}),409
```

Application concrète Les API de paiement comme Stripe valident les informations de carte et renvoient des erreurs de type 402 en cas de refus.

Étapes concrètes:

1. Installez Marshmallow.
2. Ajouter un schéma à la route POST.
3. Test invalide : curl -X POST -d '{"description":"Aucun titre"}' ... — attendez-vous à une réponse 400.

Erreur courante: Erreurs silencieuses — renvoient toujours des erreurs JSON, et non HTML.

Conseil: Consignez les erreurs avec app.logger.error(msg).

Inclure les liens HATEOAS dans les réponses pour faciliter leur découverte : {'self': url_for('get_task', task_id=id)}.

Tester les points de terminaison avec Postman

Postman est un outil permettant de tester les API : envoyer des requêtes, inspecter les réponses, automatiser.

Téléchargez-le sur postman.com (application de bureau gratuite, la version 2025 prend en charge les tests assistés par l'IA).

Créez un espace de travail, une collection pour votre API.

Pour GET /api/tasks :

1. Nouvelle requête : méthode GET, URL http://localhost:5000/api/tasks.
2. Envoyer — voir le corps de la réponse, les en-têtes et le statut.

Pour le POST :

1. Onglet Corps → brut → JSON.
2. Saisissez {"title": "Tâche de test"}.
3. Envoi – attendez-vous à une réponse 201, au format JSON.

Variables : Définir base_url = http://localhost:5000, utilisez {{base_url}}/api/tasks.

Tests : Dans l'onglet Tests :

JavaScript
```
PM.test("Statut : 200", fonction () {
PM.réponse.à.avoir.statut(200);
});
PM.test("La réponse est un tableau", fonction() {
étaitjsonData=PM.réponse.json();
PM.attendre(jsonData).à.être.un('tableau');
});
```

Lancez la collecte pour automatiser.

Pour l'authentification (plus tard) : ajoutez des en-têtes comme Authorization.

Exporter/partager les collections.

Application concrète Les équipes de développement utilisent Postman pour la documentation API (publication de collections) et l'intégration CI/CD.

Étapes concrètes:

1. Installez Postman.
2. Créer des requêtes GET/POST.
3. Ajouter des tests, exécuter.

Erreur courante Type de contenu incorrect : défini sur application/json.

ConseilUtilisez des environnements pour les URL de développement/production.

Alternatives au facteur : Insomnie, curl.

Meilleures pratiques pour une architecture d'API évolutive

Les API évolutives gèrent la croissance : trafic, données, changements.

1. **Versionnage**Utilisez /api/v1/... ou les en-têtes. Autorise la dépréciation.
2. **CORS**Activer le cross-origin avec Flask-CORS :

```
frapper
pépininstaller flask-cors
depuisflask_cors import CORS
CORS(app)
```

Ou par route : @cross_origin().

3. **limitation de débit**: Prévenez les abus avec Flask-Limiter :

```
frapper
pépininstaller flask-limiter
depuisflask_limiter import Limiter
limiteur=
Limiteur(application,fonction_clé=obtenir_adresse_distante)
@limiter.limit("5 par minute")
@app.route('/api/tasks')
defobtenir_tâches():
...
```

4. **Sécurité**Utilisez HTTPS, JWT (Ch4) et la désinfection des entrées.
5. **Pagination**Pour les listes longues :

```
python
@app.route('/api/tasks')
defobtenir_tâches():
```

```
page=requête.args.get('page', 1, taper=int)
par page=10
tâches=Tâche.requête.paginate(page=page,par
page=par_page)
   retourjsonify({
« tâches »: [tâche_à_dicter(t)pourtdanstâches.éléments],
      'suivant': url_for('get_tasks',
page=tâches.num_suivant)sitâches.has_nextautre Aucun
})
```

6. **Documentation**Utilisez Swagger/Flask-RESTx :

```
frapper
pépininstaller flask-restx
depuisflask_restx import Api, Resource
API= API(application)
ns= espace de noms de l'API(« tâches »)

@ns.route('/')
classeListe des tâches(Ressource):
def obtenir(soi):
"""Liste de toutes les tâches"""
      retour[tâche_à_dicter(t)pourt dansTâche.requête.tout()]
```

Génère une documentation interactive sur /swagger-ui.

7. **Cohérence des erreurs**Format standard : {'error': 'msg', 'code': 404}.
8. **Mise en cache**Utilisez Flask-Caching pour les requêtes GET.
9. **Surveillance**Intégrer la journalisation, Prometheus.

Application concrète Les API de Netflix sont évolutives grâce au versionnage et à la mise en cache pour des millions d'utilisateurs.

Étapes concrètes:

1. Installez flask-cors, ajoutez CORS(app).
2. Mettre en place une pagination.

Erreur courante Absence de gestion des versions — les mises à jour peuvent perturber le fonctionnement des clients.

Conseil: Suivez la sémantique HTTP : POST pour la création (201), PUT idempotent.

Pratique : Exposez les données de votre application de tâches sous forme d'API REST complète

Développer l'application de tâches Ch4 : ajouter des points de terminaison REST avec authentification et validation.

Installation : flask-restx, flask-jwt-extended (de Ch4), marshmallow.

Structure:

python
```
# app.py (extrait)
depuisflask_restximporterAPI, Ressource, champs
depuisflask_jwt_extendedimporterjwt_requis,
obtenir_identité_jwt
depuisguimauveimporterSchéma, champscommema_fields,
Erreur de validation

API=API(app,version='1.0', titre='API de tâches',
description=Gestionnaire de tâches RESTful)
```

```
tâche_ns=api.namespace(« tâches », description=« Opérations
de tâches »)

modèle de tâche=api.model('Tâche', {
   'identifiant': champs.Entier(lecture seule=Vrai),
   'titre': champs.String(requis=Vrai),
   'description': champs.String(),
   'complété': champs.Booléen(défaut=FAUX)
})

classeSchéma des tâches(Schéma):
   titre =ma_fields.Str(requis=Vrai)
   description =ma_fields.Str()
   complété =ma_fields.Bool()

@task_ns.route('/')
classeListe des tâches(Ressource):
@jwt_requis()
@task_ns.doc('list_tasks')
@task_ns.marshal_list_avec(modèle_de_tâche)
def obtenir(soi):
      ID de l'utilisateur =obtenir_l'identité_jwt()
tâches=Tâche.requête.filtrer_par(ID de
l'utilisateur=utilisateur_id).all()
      retourtâches

@jwt_requis()
@task_ns.doc('créer_tâche')
@task_ns.expect(modèle_de_tâche)
@task_ns.marshal_with(modèle_tâche,code=201)
def poste(soi):
      essayer:
         données =TaskSchema().load(api.payload)
      saufErreur de validationcommeerreur :
tâche_ns.abandon(400, err.messages)
      ID de l'utilisateur =obtenir_l'identité_jwt()
      tâche =
Tâche(titre=données['titre'],description=données.get('descriptio
n', ''),complété=FAUX, ID de l'utilisateur=ID de l'utilisateur)
```

```
db.session.add(tâche)
db.session.commit()
        retour tâche, 201

@task_ns.route('/<int:task_id>')
@task_ns.param('task_id', 'Identifiant de tâche')
classeRessource de tâches(Ressource):
@jwt_requis()
@task_ns.doc('get_task')
@task_ns.marshal_with(modèle_de_tâche)
def obtenir(soi, identifiant_de_tâche):
        ID de l'utilisateur =obtenir_l'identité_jwt()
        tâche =Tâche.requête.filtrer_par(identifiant=identifiant de
tâche,ID de
l'utilisateur=utilisateur_id).premier_ou_404(description=« Tâche
introuvable »)
        retour tâche

@jwt_requis()
@task_ns.doc('mise à jour_tâche')
@task_ns.expect(modèle_de_tâche)
@task_ns.marshal_with(modèle_de_tâche)
def mettre(soi, identifiant_de_tâche):
        ID de l'utilisateur =obtenir_l'identité_jwt()
        tâche =Tâche.requête.filtrer_par(identifiant=identifiant de
tâche,ID de l'utilisateur=utilisateur_id).premier_ou_404()
        essayer:
            données =Schéma des tâches
(partiel=Vrai).load(api.payload)
        saufErreur de validationcommeerreur :
tâche_ns.abandon(400, err.messages)
tâche.titre=données.get('titre', titre de la tâche)
description de la tâche=données.get('description', description
de la tâche)
tâche terminée=données.get('complété', tâche.terminée)
db.session.commit()
        retour tâche

@jwt_requis()
@task_ns.doc('supprimer_tâche')
```

```
@task_ns.response(204, 'Tâche supprimée')
def supprimer(soi, identifiant_de_tâche):
    ID de l'utilisateur =obtenir_l'identité_jwt()
    tâche =Tâche.requête.filtrer_par(identifiant=identifiant de
tâche,ID de l'utilisateur=utilisateur_id).premier_ou_404()
db.session.supprimer(tâche)
db.session.commit()
    retour'', 204
```

Ajouter CORS, en limitant le débit si nécessaire.

Test dans Postman :

- GET /login pour obtenir le jeton (connexion JWT supposée).
- Définir l'autorisation : Bearer <jeton>.
- Tester toutes les méthodes.

Les médecins chez http://localhost:5000/.

Application concrète: Interface d'arrière-plan pour applications React, exposant les données de manière sécurisée.

Étapes concrètes:

1. Ajoutez flask-restx, intégrez-le.
2. Migrez pour toute modification.
3. Test avec Postman.

Erreur courante: Aucune authentification — expose les données.

ConseilUtilisez @marshal_with pour la sérialisation automatique.

Résumé des principaux points à retenir

- Concevoir des points de terminaison REST avec des ressources et des méthodes HTTP.
- Gérer le JSON via request.json, jsonify.
- Gestion des erreurs avec abandon, gestionnaires personnalisés ; validation avec des schémas.
- Test d'utilisation de Postman pour les requêtes et l'automatisation.
- Bonnes pratiques : gestion des versions, CORS, limitation du nombre de requêtes, pagination, documentation.

Exercices et défis

1. Ajouter un filtre : /api/tasks?completed=true.
2. Mettez en œuvre des mises à jour partielles avec PATCH.
3. Ajouter une limitation de débit aux points de terminaison.
4. Défi : Créer un point de terminaison de recherche avec des paramètres de requête ; intégrer la documentation OpenAPI.

Chapitre 6

Amélioration de l'interface utilisateur avec Bootstrap 5

Intégration de Bootstrap pour la conception réactive

Bootstrap 5 est un framework CSS gratuit et open source qui vous permet de créer rapidement des sites web responsifs et optimisés pour les mobiles. Il inclut des composants pré-construits (boutons, formulaires, barres de navigation), un système de grille performant et des outils pour la mise en page, l'espacement et la typographie.

Pour intégrer Bootstrap :

1. **Via CDN**(recommandé pour les débutants) : Ajoutez à la balise <head> de votre modèle de base :
   HTML
   ```
   <lienhref="https://cdn.jsdelivr.net/npm/bootstrap@5.3.3/dist/css/bootstrap.min.css"relation="feuille de style">
   ```
   Ajouter avant de fermer </body> :
   HTML
   ```
   <scénariosource="https://cdn.jsdelivr.net/npm/bootstrap@5.3.3/dist/js/bootstrap.bundle.min.js"</scénario>
   ```

2. **Via npm**(pour un contrôle avancé) :
   bash
   ```
   npminstaller Bootstrap
   ```
   Importez ensuite votre CSS/JS.

Bootstrap utilise une grille à 12 colonnes. Les conteneurs encapsulent le contenu :

- .container – largeur fixe, points de rupture responsifs
- .container-fluid – pleine largeur

Exemple de mise en page adaptative :

HTML
```
<div classe="récipient">
<div classe="rangée">
<div classe="col-md-6">Colonne de gauche</div>
<div classe="col-md-6">Colonne de droite</div>
</div>
</div>
```

Sur mobile, les colonnes s'empilent ; sur les écrans de taille moyenne et plus, elles sont divisées en deux à parts égales.

Application concrète Airbnb, Netflix et Spotify utilisent des grilles réactives pour adapter la mise en page aux différents appareils.

Étapes concrètes:

1. Ouvrez votre fichier base.html.
2. Ajouter les liens CDN Bootstrap.
3. Enveloppez le contenu dans <div class="container">.
4. Testez le redimensionnement du navigateur : le contenu devrait se réorganiser.

Erreur courante: Oublier bootstrap.bundle.min.js — les popovers et les fenêtres modales ne fonctionneront pas.

ConseilUtilisez .container pour un contenu centré, .container-fluid pour un contenu bord à bord.

Création de mises en page, de barres de navigation et de composants

Agencements avec système de grille

Points de rupture :

- xs (<576px)
- sm (≥576px)
- md (≥768px)
- lg (≥992px)
- xl (≥1200px)
- XXL (≥1400px)

Empilez les colonnes verticalement sur les petits écrans :

HTML
```
<div classe="rangée">
<div classe="col-12 col-md-4">Barre latérale</div>
<div classe="col-12 col-md-8">Contenu principal</div>
</div>
```

Barre de navigation (Navbar)

HTML
```
<Non classe="barre de navigation navbar-expand-lg
navbar-dark bg-primary">
```

```
<div classe="récipient">
<un classe="marque de barre de
navigation"href="/">TaskApp</un>
<bouton classe="bascule de la barre de navigation"
taper="bouton"bascule de données bs="effondrement"cible de
données bs="#navbarNav">
<portée classe="icône de bascule de barre de
navigation"</portée>
</bouton>
<div classe="collapse navbar-collapse" identifiant="barre de
navigation">
<ul classe="navbar-nav ms-auto">
<que classe="élément de navigation"><un classe="lien de
navigation"href="/">Accueil</un</que>
{% if current_user.is_authenticated %}
<que classe="élément de navigation"><un classe="lien de
navigation"href="/profil">{{ current_user.username }}</un</que>
<que classe="élément de navigation"><un classe="lien de
navigation"href="/déconnexion">Déconnexion</un</que>
    {% autre %}
<que classe="élément de navigation"><un classe="lien de
navigation"href="/se connecter">Connexion</un</que>
<que classe="élément de navigation"><un classe="lien de
navigation"href="/registre">S'inscrire</un</que>
{% endif %}
</ul>
</div>
</div>
</Non>
```

Composant Cartes

Afficher les tâches :

HTML

```
<div classe="carte">
<div classe="corps de carte">
<h5 classe="titre de la carte">Acheter du lait</h5>
```

```
<p classe="texte de la carte">Tâche urgente pour
aujourd'hui.</p>
<unhref="#" classe="btn btn-sm btn-success">Terminé</un>
<unhref="#" classe="btn btn-sm btn-danger">Supprimer</un>
</div>
</div>
```

Application concrète Twitter utilise des cartes pour les tweets ; Trello les utilise pour les tableaux de tâches.

Étapes concrètes:

1. Remplacez l'ancienne barre de navigation <nav> par la barre de navigation Bootstrap.
2. Encapsulez la liste des tâches dans .row et utilisez .col-md-6 pour la grille.
3. Convertir la tâche <li> en .card.

Erreur courante: Utilisation de col-md-6 sans ligne — les colonnes ne seront pas alignées.

ConseilUtilisez ms-auto pour décaler les éléments de navigation vers la droite.

Style des formulaires et des éléments dynamiques

Bootstrap utilise des classes pour styliser les formulaires :

HTML
```
<formulaire>
<div classe="mb-3">
<étiquette classe="étiquette de formulaire">Titre</étiquette>
<saisir taper="texte" classe="form-control" nom="titre" requis>
</div>
```

```
<div classe="mb-3">
<étiquette classe="étiquette de
formulaire">Description</étiquette>
<zone de texte classe="form-control"
nom="description"rangées="3"</zone de texte>
</div>
<bouton taper="soumettre" classe="btn btn-primaire">Ajouter
une tâche</bouton>
</formulaire>
```

Commentaires sur la validation du formulaire

Avec Flask-WTF :

HTML

```
<div classe="mb-3">
<étiquette classe="étiquette de formulaire">Titre</étiquette>
<saisir taper="texte" classe="form-control {% if form.title.errors
%}is-invalid{% endif %}" nom="titre">
{% for error in form.title.errors %}
<div classe="commentaires invalides">{{ erreur }}</div>
{% endfor %}
</div>
```

Éléments dynamiques : Modales, Notifications

Supprimer la fenêtre modale de confirmation:

HTML

```
<div classe="fading modal"
identifiant="deleteModal"tabindex="-1">
<div classe="boîte de dialogue modale">
<div classe="contenu modal">
<div classe="en-tête modal">
<h5 classe="modal-title">Confirmer la suppression</h5>
<bouton taper="bouton"
classe="btn-close"données-bs-dismiss="capital"</bouton>
```

```
</div>
<div classe="corps modal">
<p>Êtes-vous sûr de vouloir supprimer cette tâche ?</p>
</div>
<div classe="pied de page modal">
<bouton taper="bouton" classe="btn
btn-secondaire"données-bs-dismiss="capital">Annuler</bouton
>
<un identifiant="confirmDelete"href="#" classe="btn
btn-danger">Supprimer</un>
</div>
</div>
</div>
</div>
```

Déclencheur avec JS :

HTML

```
<unhref="#" classe="btn btn-danger btn-sm"bascule de
données bs="capital"cible de données bs="#deleteModal"
clic="document.obtenirElementById(« confirmerSupprimer »).hr
ef='/supprimer/{{ tâche.id }}'">Supprimer</un>
```

Toast de la réussite(après l'ajout de la tâche) :

HTML

```
<div classe="toast-container position-fixed top-0 end-0 p-3">
<div identifiant="successToast" classe="toast align-items-center
text-white bg-success border-0" rôle="alerte">
<div classe="d-flex">
<div classe="corps de toast"Tâche ajoutée avec succès !div>
<bouton taper="bouton" classe="btn-close btn-close-white me-2
m-auto"données-bs-dismiss="griller"</bouton>
</div>
</div>
</div>
```

Afficher avec JS :

JavaScript

```
{%
avecmessages=obtenir_messages_flashed(avec_catégories=vr
ai)%}
{% simessages%}
<scénario>
document.addEventListener('DOMContentLoaded', () => {
toast constant=
nouveauBootstrap.Griller(document.obtenirElementById('succe
ssToast'));
      griller.montrer();
});
</scénario>
{%fin si%}
{%se terminer%}
```

Application concrète Gmail utilise des fenêtres modales pour la rédaction ; Slack utilise des notifications toast.

Étapes concrètes:

1. Convertissez tous les formulaires en classes Bootstrap.
2. Ajouter des commentaires de validation.
3. Implémenter la fenêtre modale de suppression.
4. Afficher un toast lors des messages flash.

Erreur courante: Oubli des attributs data-bs-* — les fenêtres modales ne s'ouvriront pas.

ConseilUtilisez form-control-lg ou form-control-sm pour les variantes de taille.

Principes du mobile-first et surcharges CSS personnalisées

Bootstrap est**priorité au mobile**: les styles de base ciblent les petits écrans, puis sont améliorés avec les requêtes @media.

Écrivez du CSS personnalisé**après**Bootstrap :

HTML
```
<lienhref="{{ url_for('static', filename='custom.css')
}}"relation="feuille de style">
```

custom.css:

CSS
```
/* Remplacer la couleur primaire */
:racine{
--bs-primaire:#4361ee;
--bs-primaire-rgb:67, 97, 238;
}

/* Survol de carte personnalisé */
.carte{
  transition: transformer0,2s, ombre portée0,2s;
}
.card:hover{
transformer:traduireY(-2px);
ombre de boîte:0 4px12pxrgba(0,0,0,0,15);
}

/* Style de tâche terminée */
tâche terminée{
décoration de texte:ligne traversante;
opacité:0,6;
}
```

Utilisez les variables CSS pour la création de thèmes :

CSS
```
corps.mode sombre{
```

```
--bs-corps-bg:#212529;
--bs-couleur-corporelle:#f8f9fa;
}
```

Basculer avec JS :

JavaScript

```
document.obtenirElementById('themeToggle').ajouterEventListe
ner(« clic », ()=>{
  document.corps.liste de classes.basculer(« mode sombre »);
});
```

Exemple de conception axée sur le mobile:

CSS

```
/* Par défaut : mobile */
.bouton{
rembourrage:8px16px;
taille de police:14px;
}

/* Tablettes et plus */
@médias(largeur minimale:768px) {
  .bouton{
rembourrage:12px24px;
taille de police:16px;
}
}
```

Application concrète Les tableaux de bord adaptatifs (comme Google Analytics) ajustent les graphiques et les tableaux sur mobile.

Étapes concrètes:

1. Créez le fichier static/custom.css.
2. Personnalisation des couleurs des boutons, ajout d'effets au survol.

3. Test sur émulateur mobile (Chrome DevTools → Afficher/Masquer la barre d'outils de l'appareil).

Erreur courante: Écrire des styles mobiles dans @media (max-width: ...)—Bootstrap fait l'inverse.

ConseilUtilisez !important uniquement en dernier recours ; préférez les sélecteurs spécifiques.

Considérations relatives à l'accessibilité

L'accessibilité (a11y) garantit que votre application fonctionne pour tout le monde, y compris les utilisateurs de lecteurs d'écran.

Bootstrap inclut de nombreuses fonctionnalités d'accessibilité :

- HTML sémantique
- attributs ARIA
- Navigation au clavier
- Options à contraste élevé

Meilleures pratiques

Monuments:

HTML

```
<en-tête rôle="bannière">...</en-tête>
<Non rôle="navigation">...</Non>
```

1. <principal *rôle*="principal">...</principal>

2. **Étiquettes de formulaire**: Associez toujours <label for="id"> avec <input id="id">.
3. **Contraste des couleurs**Utilisez les utilitaires .text-bg-* de Bootstrap ou consultez webaim.org/contrastchecker.
4. **Navigation au clavier**: Tester la navigation par tabulation à travers les liens, les boutons et les formulaires.
5. **ARIA pour le contenu dynamique**:
   HTML
   ```
   <div rôle="alerte" classe="alerte alerte-succès"Tâche supprimée !div>
   ```

6. **Liens d'accès rapide**:
   HTML
   ```
   <unhref="#main-content" classe="visuellement caché et focalisable">Passer au contenu principal</un>
   ```

Mouvement réduit:
CSS
```
@médias(préfère-mouvement-réduit : réduire) {
*{
durée d'animation:0,01ms !important;
durée de transition:0,01ms !important;
}
```

7. }

Application concrète Les sites gouvernementaux (comme USA.gov) doivent respecter les normes WCAG 2.1 AA.

Étapes concrètes:

1. Ajoutez le rôle="main" à <main>.
2. Assurez-vous que toutes les entrées soient étiquetées.
3. Test réalisé uniquement avec le clavier.
4. Utilisez l'outil WAVE (wave.webaim.org) pour scanner la page.

Erreur courante: Utilisation de <div onclick> au lieu de <button> — non accessible au clavier.

ConseilAjoutez aria-live="polite" à la zone de message flash pour les lecteurs d'écran.

Conseil pratique : repensez l'interface utilisateur de votre application pour obtenir un rendu soigné et réactif.

Repenser le**Application de tâches**des chapitres précédents.

Structure finale

texte

```
modèles/
├── base.html
├── index.html
├── ajouter_tâche.html
├── mise_à_jour_tâche.html
├── profil.html
├── login.html
├── register.html
statique/
├── custom.css
```

base.html

HTML

```
<!DOCTYPEHTML>
<HTMLjuste="dans">
<tête>
<métajeu de caractères="UTF-8">
<méta nom="fenêtre d'affichage"
contenu="largeur=largeur-de-l'appareil, échelle-initiale=1">
<titre>{% block title %}TaskApp{% endblock %}</titre>
<lienhref="https://cdn.jsdelivr.net/npm/bootstrap@5.3.3/dist/css/
bootstrap.min.css"relation="feuille de style">
<lienhref="{{ url_for('static', filename='custom.css')
}}"relation="feuille de style">
</tête>
<corps>
<!-- Lien d'accès rapide -->
<unhref="#main-content" classe="visuellement caché et
focalisable">Passer au contenu principal</un>

<!-- Barre de navigation -->
<Non classe="barre de navigation navbar-expand-lg
navbar-dark bg-primary">
<div classe="récipient">
<un classe="marque de barre de
navigation"href="/">TaskApp</un>
<bouton classe="bascule de la barre de navigation"
taper="bouton"bascule de données bs="effondrement"cible de
données bs="#navbarNav">
<portée classe="icône de bascule de barre de
navigation"</portée>
</bouton>
<div classe="collapse navbar-collapse" identifiant="barre de
navigation">
<ul classe="navbar-nav ms-auto">
<que classe="élément de navigation"><un classe="lien de
navigation"href="/">Accueil</un</que>
{% if current_user.is_authenticated %}
```

```
<que classe="élément de navigation"><un classe="lien de navigation"href="{{ url_for('profile') }}">{{ current_user.username }}</un</que>
<que classe="élément de navigation"><un classe="lien de navigation"href="{{ url_for('logout') }}">Déconnexion</un</que>
        {% autre %}
<que classe="élément de navigation"><un classe="lien de navigation"href="{{ url_for('login') }}">Connexion</un</que>
<que classe="élément de navigation"><un classe="lien de navigation"href="{{ url_for('register') }}">S'inscrire</un</que>
{% endif %}
</ul>
</div>
</div>
</Non>

<!-- Messages flash sous forme de toasts -->
<div classe="toast-container position-fixed top-0 end-0 p-3">
{% avec messages =
get_flashed_messages(with_categories=true) %}
{% if messages %}
{% pour catégorie, message dans messages %}
<div classe="toast align-items-center text-white bg-{{ 'success' if category == 'success' else 'danger' }} border-0" rôle="alerte">
<div classe="d-flex">
<div classe="corps de toast">{{ message }}</div>
<bouton taper="bouton" classe="btn-close btn-close-white me-2 m-auto"données-bs-dismiss="griller"</bouton>
</div>
</div>
{% endfor %}
{% endif %}
{% endwith %}
</div>

<principal identifiant="contenu principal" classe="conteneur my-5">
{% block content %}{% endblock %}
</principal>
```

```
<scénariosource="https://cdn.jsdelivr.net/npm/bootstrap@5.3.3/
dist/js/bootstrap.bundle.min.js"</scénario>
<scénario>
// Affichage automatique des toasts
  document.ajouterEventListener('DOMContentLoaded', ()=>{
    document.querySelectorAll('.griller').pour chaque(griller=>{
      nouveauBootstrap.Griller(griller).montrer();
});
});
</scénario>
</corps>
</HTML>
```

index.html

HTML

```
{% extends "base.html" %}
{% block title %}Accueil{% endblock %}
{% block content %}
<div classe="d-flex justify-content-between align-items-center
mb-4">
<h1>Vos tâches</h1>
<unhref="{{ url_for('add_task') }}" classe="btn
btn-primaire">Ajouter une tâche</un>
</div>

{% if tâches %}
<div classe="ligne ligne-cols-1 ligne-cols-md-2 ligne-cols-lg-3
g-4">
{% pour tâche dans tâches %}
<div classe="col">
<div classe="carte h-100 {% if task.completed
%}border-success{% endif %}">
<div classe="corps de carte">
<h5 classe="card-title {% if task.completed
%}task-completed{% endif %}">
{{ tâche.titre }}
</h5>
<p classe="texte de la carte">{{ task.description or 'Aucune
description' }}</p>
```

```
<petit classe="texte désactivé">Créé le : {{
task.created_at.strftime('%b %d, %Y') }}</petit>
</div>
<div classe="card-footer bg-transparent">
<div classe="btn-group w-100" rôle="groupe">
<unhref="{{ url_for('update_task', task_id=task.id) }}"
classe="btn btn-outline-primary btn-sm">Modifier</un>
{% if not task.completed %}
<unhref="{{ url_for('complete_task', task_id=task.id) }}"
classe="btn btn-outline-success btn-sm">Terminé</un>
{% endif %}
<bouton taper="bouton" classe="btn btn-contour-danger
btn-sm"bascule de données bs="capital"cible de données
bs="#deleteModal{{ task.id }}">
            Supprimer
</bouton>
</div>
</div>
</div>

<!-- Supprimer la fenêtre modale -->
<div classe="fading modal" identifiant="deleteModal{{ task.id
}}"tabindex="-1">
<div classe="boîte de dialogue modale">
<div classe="contenu modal">
<div classe="en-tête modal">
<h5 classe="modal-title">Confirmer la suppression</h5>
<bouton taper="bouton"
classe="btn-close"données-bs-dismiss="capital"</bouton>
</div>
<div classe="corps modal">
<p>Supprimer <fort>{{ task.title }}</fort>?</p>
</div>
<div classe="pied de page modal">
<bouton taper="bouton" classe="btn
btn-secondaire"données-bs-dismiss="capital">Annuler</bouton
>
<unhref="{{ url_for('delete_task', task_id=task.id) }}" classe="btn
btn-danger">Supprimer</un>
</div>
```

```
</div>
</div>
</div>
{% endfor %}
</div>
</div>
 {% autre %}
<div classe="text-center py-5">
<p classe="plomb">Aucune tâche pour le moment. <unhref="{{
url_for('add_task') }}"Créez votre premier !un</p>
</div>
{% endif %}
{% endblock %}
```

ajouter_tâche.html

```
HTML
{% extends "base.html" %}
{% block title %}Ajouter une tâche{% endblock %}
{% block content %}
<div classe="ligne justifiée-centre-contenu">
<div classe="col-md-8 col-lg-6">
<h2>Ajouter une nouvelle tâche</h2>
<formulaire méthode="POSTE">
{{ form.hidden_tag() }}
<div classe="mb-3">
{{ form.title.label(class="form-label") }}
{{ form.title(class="form-control" + (" is-invalid" if form.title.errors
else "")) }}
{% for error in form.title.errors %}
<div classe="commentaires invalides">{{ erreur }}</div>
{% endfor %}
</div>
<div classe="mb-3">
{{ form.description.label(class="form-label") }}
{{ form.description(class="form-control", rows=3) }}
</div>
<bouton taper="soumettre" classe="btn btn-primaire">Ajouter
une tâche</bouton>
```

```
<unhref="{{ url_for('index') }}" classe="btn
btn-secondaire">Annuler</un>
</formulaire>
</div>
</div>
{% endblock %}
```

custom.css

CSS

```
:racine{
--bs-primaire:#4361ee;
--bs-primaire-rgb:67, 97, 238;
}

.carte{
  transition:tous les 0,2s facilité;
}
.card:hover{
transformer:traduireY(-4px);
ombre de boîte:0 8px20pxrgba(0,0,0,0,12);
}

tâche terminée{
décoration de texte:ligne traversante;
  couleur:#6c757d;
}

.navbar-brand{
police-weight:600;
}

@médias(préfère-mouvement-réduit : réduire) {
  .carte, .btn{
    transition:aucun !important;
}
}
```

Application concrète Une application de gestion des tâches soignée et réactive, prête pour la production ou un portfolio.

Étapes concrètes:

1. Remplacez tous les modèles par des versions Bootstrap.
2. Ajoutez custom.css.
3. Testé sur mobile, tablette et ordinateur.
4. Utilisez les outils de développement du navigateur pour simuler des appareils.

Erreur courante Les styles en ligne remplacent Bootstrap — à éviter ; utilisez des classes.

ConseilUtilisez g-4 pour un espacement régulier des cartes.

Résumé des principaux points à retenir

- Ajoutez Bootstrap via CDN pour un design réactif instantané.
- Utilisez la grille (ligne, colonne-*), la barre de navigation et les cartes pour la mise en page.
- Style de formulaires avec form-control, mb-3, retour d'information de validation.
- Implémentez des fenêtres modales et des notifications pour l'interaction.
- Adoptez une approche « mobile-first » : styles de base pour petits écrans.
- Remplacez le CSS personnalisé par des variables.

- Assurer l'accessibilité : étiquettes, ARIA, navigation au clavier.

Exercices et défis

1. Ajout d'un bouton pour basculer en mode sombre avec persistance dans localStorage.
2. Mettre en place un filtrage des tâches (Toutes/Actives/Terminées) avec des onglets.
3. Ajoutez les dates d'échéance à l'aide du sélecteur de date (<input type="date">).
4. **Défi**Rendre les fiches de tâches déplaçables (utiliser Sortable.js), enregistrer l'ordre dans la base de données.

Chapitre 7

Introduction à React – Création du frontend

Configurer une application React avec Create React App

Remarque : Depuis 2025, Create React App est déconseillé par l'équipe React, qui privilégie des outils plus modernes comme Vite pour des compilations plus rapides et de meilleures performances. Toutefois, dans ce chapitre destiné aux débutants, nous utiliserons Vite comme méthode de configuration équivalente, conforme aux recommandations actuelles et simple d'utilisation. Vite permet de générer rapidement la structure des applications React.

Pour configurer le système, vous aurez besoin de Node.js (version 20 ou supérieure). Téléchargez-le depuis nodejs.org si nécessaire.

Créer une nouvelle application React :

frapper

```
npmcréer vite@latest tableau de bord des tâches --
--modèleréagir
```

Ce script crée un projet nommé « task-dashboard » avec React. Pour TypeScript (optionnel, ajoute une sécurité de typage) :

frapper
```
npmcréer vite@latest tableau de bord des tâches --
--modèleréagissent
```

Accédez au dossier :

frapper
```
CDtableau de bord des tâches
```

Installer les dépendances :

frapper
```
npm installer
```

Lancer le serveur de développement :

frapper
```
npmexécuter le développement
```

Ouvrir http://localhost:5173dans votre navigateur pour voir l'application par défaut.

Vite propose le remplacement à chaud des modules (HMR) pour des mises à jour instantanées. Structure :

- src/ – Code source.
- src/App.jsx – Composant principal.
- public/ – Actifs statiques.
- vite.config.js – Configuration.

Concevoir pour la production :

frapper
```
npmexécuter la construction
```

Cela crée un dossier dist/ contenant des fichiers optimisés.

Application concrète Les équipes de Facebook (Meta) utilisent des configurations similaires pour le prototypage rapide ; Vite alimente de nombreuses applications modernes comme celles de Vercel.

Étapes concrètes:

1. Installez Node.js.
2. Exécutez la commande de création.
3. Démarrez le serveur de développement et modifiez le fichier src/App.jsx en y insérant « Hello React ! » – le rechargement en direct sera visible.

Erreur courante: Utilisation d'une ancienne version de Node – vérifiez avec node -v.

ConseilUtilisez VS Code avec des extensions comme les extraits de code ES7 React/Redux.

Concepts fondamentaux : Composants, propriétés et état

React crée des interfaces utilisateur à partir de composants réutilisables**composants**– des fonctions ou des classes renvoyant du JSX (syntaxe de type HTML).

Exemple de composant fonctionnel (src/Hello.jsx) :

jsx
```
fonction Bonjour() {
 retour<h1>Bonjour, React !</h1>;
}

export par défaut Bonjour;
```

Importer et utiliser dans App.jsx :

```jsx
importer Bonjour depuis './Bonjour';

fonctionApplication() {
  retour(
<div>
<Bonjour/>
</div>
);
}
```

AccessoiresTransmettre des données aux composants, comme des arguments de fonction.

```jsx
fonction Salutation(accessoires) {
  retour<h1>Bonjour, {accessoires.nom}!</h1>;
}

// Utilisation
<Salutation nom="Alice"/>
```

Les propriétés sont en lecture seule. Pour les listes, utilisez map() :

```jsx
fonctionListe des tâches(accessoires) {
  retour(
<ul>
{accessoires.tâches.carte(tâche=><que
clé={tâche.identifiant}>{tâche.titre}</que>)}
</ul>
);
}
```

La touche key permet à React de suivre les éléments.

ÉtatGère les données dynamiques au sein d'un composant. Utilisez les hooks pour les composants fonctionnels (section suivante).

Dans les composants de classe (moins courants maintenant) :

```jsx
jsx
importer{Composant}depuis'réagir';

classe Comptoirs'étendComposant{
constructeur(accessoires) {
   super(accessoires);
   ce.État= { compter: 0};
}

incrément=()=>{
   ce.définir l'état({ compter: ce.État.compter+1});
};

  rendre() {
   retour(
<div>
<p>Nombre : {ce.État.compter}</p>
<boutonclic={ce.incrément}>+</bouton>
</div>
);
}
}
```

Les mises à jour d'état déclenchent des rendus supplémentaires.

Application concrète Les paniers d'achat en ligne utilisent l'état pour le nombre d'articles ; les propriétés transmettent les données des produits.

Étapes concrètes:

1. Créez le fichier Greeting.jsx et importez-le dans App.jsx.
2. Ajouter un état à un composant compteur.
3. Afficher une liste avec map().

Erreur courante: Propriétés mutantes – toujours les traiter comme immuables.

ConseilUtilisez la déstructuration : fonction Greeting({ nom }) { ... }.

Les composants s'assemblent : imbriquez-les pour créer des interfaces utilisateur complexes.

Utilisation des Hooks React (useState, useEffect)

Les hooks permettent aux composants fonctionnels d'utiliser les fonctionnalités d'état et de cycle de vie.

utiliser l'étatGère l'état.

jsx

```
importer{utiliser l'état}depuis'réagir';

fonction Comptoir() {
const[compter, définir le nombre]=utiliser l'état(0);

  retour(
<div>
<p>Nombre : {compter}</p>
<boutonclic={()=>définir le nombre(compter+1)}>+</bouton>
</div>
);
}
```

useState(initial) renvoie [valeur, setter]. Les setters déclenchent de nouveaux rendus.

Pour les objets :

jsx
```
const[tâche, définir la tâche]=utiliser l'état({ titre: '', fait: FAUX});

définir la tâche({...tâche, fait: vrai});// Préserver l'existant
```

utiliserEffectGère les effets secondaires (récupération de données, abonnements).

jsx
```
importer{utiliserEffect}depuis'réagir';

fonctionMinuteur() {
const[secondes, setSeconds]=utiliser l'état(0);

utiliserEffect(()=>{
constintervalle=définirIntervalle(()=>setSeconds(s=>s+1),1000);
   retour()=>clearInterval(intervalle);// Nettoyage
}, []);// Dépendances vides : exécuter une seule fois

  retour<p>Secondes : {secondes}</p>;
}
```

Tableau des dépendances : [] pour le montage/démontage ; [var] pour les modifications.

Combiner:

jsx
```
fonctionFormulaire de tâche() {
const[titre, définirTitre]=utiliser l'état('');
const[soumis, setSubmitted]=utiliser l'état(FAUX);

utiliserEffect(()=>{
   si(soumis) {
```

```
console.enregistrer('Tâche soumise :', titre);
setSubmitted(FAUX);
}
}, [soumis, titre]);

  retour(
<saisir valeur={titre}onChange={et=>définirTitre(et.cible.valeur)}
/>
<boutonclic={()=>setSubmitted(vrai)}>Soumettre</bouton>
);
}
```

Application concrète Les flux sociaux utilisent useEffect pour les requêtes API au montage ; les formulaires utilisent useState pour les entrées.

Étapes concrètes:

1. Ajoutez useState pour gérer les entrées du formulaire.
2. Utilisez useEffect pour un minuteur.
3. Ajouter des dépendances pour consigner les changements d'état.

Erreur courante Boucles infinies dues à des dépendances manquantes.

Conseil: Le nettoyage dans useEffect empêche les fuites de mémoire.

Autres points d'extension : useContext, useReducer pour les états complexes.

Implémentation de React Router pour la navigation monopage

React Router permet le routage SPA sans rechargement de page.

Installer:

frapper
```
npminstaller react-router-dom
```

Configuration dans main.jsx :

jsx
```
importer{créerRoot}depuis'react-dom/client';
importer{Routeur de navigateur}depuis'react-router-dom';
importerApplication depuis'./App';

créerRoot(document.obtenirElementById('racine')).rendre(
<Routeur de navigateur>
<Application/>
</Routeur de navigateur>
);
```

Dans App.jsx :

jsx
```
importer{Itinéraires, Itinéraire, Lien}depuis'react-router-dom';

fonction Maison() {retour<h1>Accueil</h1>; }
fonction Profil() {retour<h1>Profil</h1>; }

fonctionApplication() {
 retour(
<div>
<Non>
<Lien à="/">Accueil</Lien> | <Lien à="/profil">Profil</Lien>
</Non>
<Itinéraires>
<Itinéraire chemin="/" élément={<Maison/>} />
<Itinéraire chemin="/profil" élément={<Profil/>} />
</Itinéraires>
```

```
</div>
);
}
```

Itinéraires dynamiques :

```jsx
<Itinéraire chemin="/tâche/:id" élément={<Détails de la tâche/>}
/>

// Dans TaskDetail
importer{utiliserParams}depuis'react-router-dom';

fonctionDétails de la tâche() {
const{identifiant}=utiliserParams();
  retour<h1>Tâche {identifiant}</h1>;
}
```

Itinéraires imbriqués, points de sortie pour les aménagements.

Routes protégées avec contexte (authentification).

Application concrète Netflix utilise le routage pour les pages comme la page d'accueil et la recherche, sans rechargement.

Étapes concrètes:

1. Installez react-router-dom.
2. Enveloppez-le dans BrowserRouter.
3. Ajouter des itinéraires, des liens.

Erreur courante: L'utilisation de « link » au lieu de « link » provoque des rechargements.

ConseilUtilisez Navigate pour les redirections.

Récupération de données avec Axios

Axios est un client HTTP basé sur les promesses pour les API.

Installer:

```
frapper
npminstaller axios
```

Exemple:

```
jsx
importer{utiliser l'état, utiliserEffect}depuis'réagir';
importeraxios depuis'axios';

fonctionListe des tâches() {
const[tâches, définir les tâches]=utiliser l'état([]);
const[chargement, chargement]=utiliser l'état(vrai);

utiliserEffect(()=>{
axios.obtenir('/api/tasks')
.alors(réponse=>{
définir les tâches(réponse.données);
chargement(FAUX);
})
.attraper(erreur=>console.erreur(erreur));
}, []);

  si(chargement)retour<pChargement en cours...p>;

  retour(
<ul>
{tâches.carte(tâche=><que
clé={tâche.identifiant}>{tâche.titre}</que>)}
</ul>
);
```

```
}
```

POSTE:

```
jsx
fonctionAjouter une tâche() {
const[titre, définirTitre]=utiliser l'état('');

constactSubmit=()=>{
axios.poste('/api/tasks', {titre})
.alors(réponse=>console.enregistrer(« Ajouté : »,
réponse.données))
.attraper(erreur=>console.erreur(erreur));
};

  retour(
<saisir valeur={titre}onChange={et=>définirTitre(et.cible.valeur)}
/>
<boutonclic={actSubmit}>Ajouter</bouton>
);
}
```

Configurer l'URL de base dans axios.create.

Intercepteurs pour les jetons d'authentification.

Application concrète GitHub récupère les dépôts avec des clients de type Axios.

Étapes concrètes:

1. Installez axios.
2. Récupérer les données simulées dans useEffect.
3. Gérez les erreurs avec .catch.

Erreur courante Oubliez l'asynchrone – utilisez les promesses ou async/await.

ConseilUtilisez try/catch dans les fonctions asynchrones.

Pratique : Créer un tableau de bord React qui reflète votre backend Flask

Construire un**tableau de bord des tâches**Connexion à l'API Flask.

Projet : tableau de bord des tâches (à partir de la configuration).

Installer les dépendances :

frapper

```
npminstaller react-router-dom axios bootstrap react-bootstrap
```

src/index.css : Importez Bootstrap.

main.jsx :

jsx

```
importer{créerRoot}depuis'react-dom/client';
importer{Routeur de navigateur}depuis'react-router-dom';
importer'bootstrap/dist/css/bootstrap.min.css';
importerApplication depuis'./App';

créerRoot(document.obtenirElementById('racine')).rendre(
<Routeur de navigateur>
<Application/>
</Routeur de navigateur>
);
```

App.jsx :

jsx

```
importer{Itinéraires, Itinéraire}depuis'react-router-dom';
importer{Récipient, Aucun, Barre de
navigation}depuis'react-bootstrap';
```

```
importerListe des tâches depuis'./TaskList';
importerAjouter une tâche depuis'./AjouterTâche';
importerDétails de la tâche depuis'./TaskDetail';
importer Se connecter depuis './Se connecter';

fonctionApplication() {
 retour(
<>
<Barre de navigationfond d'écran="primaire"variante="sombre"
développer="lg">
<Récipient>
<Barre de navigation.Marquehref="/">Tableau de bord des
tâches</Barre de navigation.Marque>
<Navbar.Toggle/>
<Réduire la barre de navigation>
<Aucunnom de classe="ms-auto">
<Lien de navigationhref="/">Tâches</Lien de navigation>
<Lien de navigationhref="/ajouter">Ajouter une tâche</Lien de
navigation>
<Lien de navigationhref="/se connecter">Connexion</Lien de
navigation>
</Aucun>
</Réduire la barre de navigation>
</Récipient>
</Barre de navigation>
<Récipientnom de classe="my-4">
<Itinéraires>
<Itinéraire chemin="/" élément={<Liste des tâches/>} />
<Itinéraire chemin="/ajouter" élément={<Ajouter une tâche/>} />
<Itinéraire chemin="/tâche/:id" élément={<Détails de la tâche/>}
/>
<Itinéraire chemin="/se connecter" élément={<Se connecter/>}
/>
</Itinéraires>
</Récipient>
</>
);
}

export par défautApplication;
```

TaskList.jsx :

```jsx
importer{utiliser l'état, utiliserEffect}depuis'réagir';
importeraxios depuis'axios';
importer{Carte, Bouton, Groupe artistique,
Fileur}depuis'react-bootstrap';
importer{Lien}depuis'react-router-dom';

fonctionListe des tâches() {
const[tâches, définir les tâches]=utiliser l'état([]);
const[chargement, chargement]=utiliser l'état(vrai);

utiliserEffect(()=>{
axios.obtenir('http://localhost:5000/api/tasks', {
en-têtes : { Autorisation :`Porteur ${localStockage.obtenir
l'élément('jeton')}`}
})
.alors(res=>{
définir les tâches(res.données);
chargement(FAUX);
})
.attraper(se tromper=>console.erreur(se tromper));
}, []);

constterminer la tâche= identifiant=>{
axios.mettre(`http://localhost:5000/api/tasks/${identifiant}`, {
complété: vrai})
.alors(()=>définir les tâches(tâches.carte(t=>t.identifiant===
identifiant?{...t, complété: vrai}:t)))
.attraper(se tromper=>console.erreur(se tromper));
};

  si(chargement)retour<Fileuranimation="frontière"/>;

  retour(
<Groupe artistique>
{tâches.carte(tâche=>(
<ListGroup.Item clé={tâche.identifiant}>
<Carte>
```

```
<Card.Body>
<Titre de la carte>{tâche.titre}</Titre de la carte>
<Carte.Texte>{tâche.description}</Carte.Texte>
<Lien à={`/tâche/${tâche.identifiant}`}>Voir</Lien>
{!tâche.complété&&<Boutonclic={()=>terminer la
tâche(tâche.identifiant)}>Terminé</Bouton>}
</Card.Body>
</Carte>
</ListGroup.Item>
))}
</Groupe artistique>
);
}

export par défautListe des tâches;
```

AjouterTask.jsx :

```jsx
importer{utiliser l'état}depuis'réagir';
importeraxios depuis'axios';
importer{Formulaire, Bouton}depuis'react-bootstrap';
importer{utiliserNaviguer}depuis'react-router-dom';

fonctionAjouter une tâche() {
const[titre, définirTitre]=utiliser l'état('');
const[description, description de l'ensemble]=utiliser l'état('');
constnaviguer=utiliserNaviguer();

constactSubmit=et=>{
et.empêcher le défaut();
axios.poste('http://localhost:5000/api/tasks', {titre, description}, {
en-têtes : { Autorisation :`Porteur ${localStockage.obtenir
l'élément('jeton')}`}
})
.alors(()=>naviguer('/'))
.attraper(se tromper=>console.erreur(se tromper));
};
```

```
 retour(
<FormulaireonSubmit={actSubmit}>
<Formulaire.Groupenom de classe="mb-3">
<Formulaire.Étiquette>Titre</Formulaire.Étiquette>
<Formulaire.Contrôle
valeur={titre}onChange={et=>définirTitre(et.cible.valeur)} />
</Formulaire.Groupe>
<Formulaire.Groupenom de classe="mb-3">
<Formulaire.Étiquette>Description</Formulaire.Étiquette>
<Formulaire.Contrôle comme="zone de texte"
valeur={description}onChange={et=>description de
l'ensemble(et.cible.valeur)} />
</Formulaire.Groupe>
<Bouton taper="soumettre">Ajouter</Bouton>
</Formulaire>
);
}

export par défautAjouter une tâche;
```

TaskDetail.jsx :

```jsx
importer{utiliser l'état, utiliserEffect}depuis'réagir';
importeraxios depuis'axios';
importer{utiliserParams,
utiliserNaviguer}depuis'react-router-dom';
importer{Carte, Bouton}depuis'react-bootstrap';

fonctionDétails de la tâche() {
const{identifiant}=utiliserParams();
const[tâche, définir la tâche]=utiliser l'état(nul);
constnaviguer=utiliserNaviguer();

utiliserEffect(()=>{
axios.obtenir(`http://localhost:5000/api/tasks/${identifiant}`)
.alors(res=>définir la tâche(res.données))
.attraper(se tromper=>console.erreur(se tromper));
}, [identifiant]);
```

```
constsupprimer la tâche=()=>{
axios.supprimer(`http://localhost:5000/api/tasks/${identifiant}`)
.alors(()=>naviguer('/'))
.attraper(se tromper=>console.erreur(se tromper));
};

  si(!tâche)retour<pChargement en cours...p>;

  retour(
<Carte>
<Card.Body>
<Titre de la carte>{tâche.titre}</Titre de la carte>
<Carte.Texte>{tâche.description}</Carte.Texte>
<Boutonvariante="danger"clic={supprimer la
tâche}>Supprimer</Bouton>
</Card.Body>
</Carte>
);
}

export par défautDétails de la tâche;
```

Login.jsx :

```jsx
importer{utiliser l'état}depuis'réagir';
importeraxios depuis'axios';
importer{Formulaire, Bouton}depuis'react-bootstrap';
importer{utiliserNaviguer}depuis'react-router-dom';

fonction Se connecter() {
const[e-mail, définirEmail]=utiliser l'état('');
const[mot de passe, définir le mot de passe]=utiliser l'état('');
constnaviguer=utiliserNaviguer();

constactSubmit=et=>{
et.empêcher le défaut();
axios.poste('http://localhost:5000/login', {e-mail, mot de passe})
```

```
.alors(res=>{
localStockage.définir l'élément('jeton', res.données.jeton
d'accès);
naviguer('/');
})
.attraper(se tromper=>console.erreur(se tromper));
};

  retour(
<FormulaireonSubmit={actSubmit}>
<Formulaire.Groupenom de classe="mb-3">
<Formulaire.Étiquette>Courriel</Formulaire.Étiquette>
<Formulaire.Contrôle taper="e-mail"
valeur={e-mail}onChange={et=>définirEmail(et.cible.valeur)} />
</Formulaire.Groupe>
<Formulaire.Groupenom de classe="mb-3">
<Formulaire.Étiquette>Mot de passe</Formulaire.Étiquette>
<Formulaire.Contrôle taper="mot de passe" valeur={mot de
passe}onChange={et=>définir le mot de passe(et.cible.valeur)}
/>
</Formulaire.Groupe>
<Bouton taper="soumettre">Connexion</Bouton>
</Formulaire>
);
}

export par défaut Se connecter;
```

Lancez le serveur Flask, puis le développement React.

Fonctionnalités : Lister les tâches, ajouter, afficher/détails, terminer, supprimer, se connecter pour obtenir un jeton.

Gérer les erreurs, chargement.

Application concrète: Propose des tableaux de bord d'administration similaires à celui de Shopify.

Étapes concrètes:

1. Installer les dépendances.
2. Créez les composants comme indiqué.
3. Testez les appels d'API (utilisez CORS dans Flask).
4. Ajouter des contrôles d'authentification.

Erreur courante: Intégrer l'URL de l'API en dur – utilisez les variables d'environnement.

ConseilUtilisez l'extension React DevTools.

Résumé des principaux points à retenir

- Configuration avec Vite pour les applications React modernes.
- Les composants sont des éléments de base ; les props transmettent des données, l'état gère les changements.
- Les hooks comme useState/useEffect ajoutent des fonctionnalités.
- React Router pour la navigation.
- Axios pour la récupération d'API.

Exercices et défis

1. Ajouter un formulaire de modification dans TaskDetail.
2. Implémenter la pagination dans TaskList.
3. Ajouter des tâches de filtrage des entrées de recherche.
4. Défi : Ajouter l'inscription des utilisateurs et des routes protégées avec contexte d'authentification.

Chapitre 8

Intégration complète – Connexion de Flask et React

Configuration CORS pour les requêtes inter-origines

Le partage de ressources entre origines (CORS) est une fonctionnalité de sécurité des navigateurs qui empêche les pages web d'effectuer des requêtes vers un domaine différent de celui qui les héberge. Dans une application full-stack, votre interface React (par exemple, exécutée sur un serveur web) est concernée. http://localhost:5173) et le backend Flask (par exemple, http://localhost:5000Ces requêtes se font sur des ports différents, ce qui les rend considérées comme des origines distinctes. Sans CORS, le navigateur bloque les appels d'API et affiche des erreurs telles que « En-tête 'Access-Control-Allow-Origin' absent ».

Pour activer CORS dans Flask, utilisez l'extension Flask-CORS. Celle-ci ajoute des en-têtes comme Access-Control-Allow-Origin aux réponses, indiquant ainsi au navigateur que la connexion est sécurisée.

Installer:

frapper

```
pépininstaller flask-cors
```

Dans app.py :

python
```
depuisflask_corsimporterCORS

application=Flasque(__nom__)
CORS(app)# Autorise toutes les origines par défaut
```

Pour des origines spécifiques :

python
```
CORS(app,ressources={r"/api/*":
{"origines":"http://localhost:5173"}})
```

Cela autorise CORS uniquement pour les routes /api/ depuis le serveur de développement React.

Test : Dans React, fetch('/api/tasks') devrait maintenant réussir sans erreur.

Exemple d'erreur sans CORS : la console affiche « Politique CORS : absence d'en-tête 'Access-Control-Allow-Origin' ». Avec CORS, les requêtes fonctionnent.

Application concrète Les applications comme le lecteur web de Spotify récupèrent des données depuis des API backend ; CORS permet un échange de données sécurisé entre les domaines.

Étapes concrètes:

1. Installez flask-cors.

2. Ajouter CORS(app) à Flask.
3. Redémarrez les serveurs, testez une requête dans les outils de développement React.

Erreur courante Autoriser toutes les origines en production – spécifiez les domaines exacts pour des raisons de sécurité.

ConseilEn phase de développement, utilisez '*' pour les origines ; en production, listez les URL du frontend.

CORS gère également les méthodes (GET/POST) et les en-têtes (autorisation).

Proxy des appels d'API de React vers Flask

En phase de développement, React et Flask s'exécutent sur des serveurs distincts, ce qui peut entraîner des problèmes de CORS ou l'utilisation d'URL codées en dur. Le proxy permet à React de transférer les appels API à Flask de manière transparente.

Avec Vite (à partir du chapitre 7), configurez dans vite.config.js :

JavaScript
```
importer{définirConfig}depuis 'vite';
importerréagir depuis'@vitejs/plugin-react';

export par défautdéfinirConfig({
plugins : [réagir()],
serveur : {
proxy: {
'/api': {
      cible: 'http://localhost:5000',
changerOrigine :vrai,
```

```
        sécurisé: FAUX,
}
}
}
});
```

Désormais, dans React, axios.get('/api/tasks') redirige vers /api/tasks de Flask, évitant ainsi CORS et le codage en dur du port.

En production, servez la version React compilée depuis Flask :

Dans Flask, ajoutez :

python

```
depuisfioleimporterenvoyer_depuis_le_répertoire

@app.route('/', valeurs par défaut={'chemin':''})
@app.route('/<chemin:chemin>')
defserve_react(chemin):
   si chemin !="" etos.path.exists(app.static_folder+'/'+ chemin):
      retourenvoyer_depuis_le_répertoire(app.static_folder,
chemin)
   autre:

retourenvoyer_depuis_le_répertoire(app.static_folder,'index.htm
l')
```

Compilez React (npm run build), copiez dist/ dans static/ ou templates/ de Flask.

Exécutez Flask ; il gère à la fois l'API et le frontend.

Application concrète En environnement de développement, Netflix utilise des proxys pour les appels API afin de permettre des tests fluides ; en production, la diffusion statique réduit la latence.

Étapes concrètes:

1. Mettez à jour vite.config.js avec le proxy.
2. Modifiez les requêtes React en '/api/...'.
3. Pour la production, compilez React et intégrez-le à Flask.

Erreur courante: Oubli de changeOrigin : true – incompatibilité d'en-tête d'hôte.

ConseilUtilisez les variables d'environnement pour la base de l'API : process.env.VITE_API_URL.

Gestion des jetons d'authentification dans React

Les jetons (JWT du chapitre 4) authentifient les appels API. Dans React, stockez les jetons de manière sécurisée et ajoutez-les aux en-têtes.

Après la connexion :

jsx
```
axios.poste('/api/login', {e-mail, mot de passe})
.alors(res=>{
localStockage.définir l'élément('jeton', res.données.jeton d'accès);
// Redirect
});
```

Pour les demandes protégées :

jsx
```
axios.obtenir('/api/tasks', {
en-têtes : { Autorisation :`Porteur ${localStockage.obtenir l'élément('jeton')}`}
});
```

Utiliser le contexte pour l'état d'authentification global.

Créer AuthContext.jsx :

jsx
```
importer{créerContexte, utiliser l'état,
utiliserEffect}depuis'réagir';
importer{utiliserNaviguer}depuis'react-router-dom';
importeraxios depuis'axios';

exporterconstAuthContext=créerContexte();

exporter fonctionFournisseur d'authentification({enfants}) {
const[utilisateur, définir l'utilisateur]=utiliser l'état(nul);
constnaviguer=utiliserNaviguer();

utiliserEffect(()=>{
constjeton=localStockage.obtenir l'élément('jeton');
   si(jeton) {
axios.valeurs par
défaut.en-têtes.commun['Autorisation']=`Porteur ${jeton}`;
// Récupérer les données utilisateur
axios.obtenir('/api/profile')
.alors(res=>définir l'utilisateur(res.données))
.attraper(()=>déconnexion());
}
}, []);

const se connecter=(e-mail, mot de passe)=>{
axios.poste('/api/login', {e-mail, mot de passe})
.alors(res=>{
localStockage.définir l'élément('jeton', res.données.jeton
d'accès);
axios.valeurs par
défaut.en-têtes.commun['Autorisation']=`Porteur
${res.données.jeton d'accès}`;
définir l'utilisateur(res.données.utilisateur);
naviguer('/');
});
```

```
};

constdéconnexion=()=>{
localStockage.supprimer l'élément('jeton');
  supprimeraxios.valeurs par
défaut.en-têtes.commun['Autorisation'];
définir l'utilisateur(nul);
naviguer('/se connecter');
};

 retour(
<AuthContext.Fournisseur valeur={{utilisateur, se connecter,
déconnexion}}>
{enfants}
</AuthContext.Fournisseur>
);
}
```

Enveloppez dans main.jsx :

```jsx
<Fournisseur d'authentification>
<Application/>
</Fournisseur d'authentification>
```

Utilisation dans les composants :

```jsx
importer{utiliserContexte}depuis'réagir';
importer{AuthContext}depuis'./AuthContext';

fonction Profil() {
const{utilisateur, déconnexion}=utiliserContexte(AuthContext);
 retour
utilisateur?<boutonclic={déconnexion}>Déconnexion</bouton>:
nul;
}
```

Pour les itinéraires protégés :

```jsx
importer{Naviguer}depuis'react-router-dom';

fonctionRoute privée({enfants}) {
const{utilisateur}=utiliserContexte(AuthContext);
  retour utilisateur? enfants:<Naviguer à="/se connecter"/>;
}
```

Application concrète Les applications bancaires stockent des jetons pour sécuriser les transactions.

Étapes concrètes:

1. Créer un contexte d'authentification.
2. Application Wrap.
3. Ajouter le jeton aux requêtes.

Erreur courante: Stockage des jetons uniquement dans l'état – perdus lors de l'actualisation ; utilisez localStorage.

ConseilUtilisez les cookies HttpOnly pour une meilleure sécurité si possible.

Mises à jour des données en temps réel entre le frontend et le backend

Pour une utilisation en temps réel, utilisez les WebSockets. Flask-SocketIO pour le backend, socket.io-client pour React.

Installer le backend :

```frapper
pépininstaller l'événement flask-socketio
```

Dans app.py :

```python
depuisflask_socketioimporterSocketIO, acheter

application=Flasque(__nom__)
socketio=SocketIO(app,cors_allowed_origins="*")

@socketio.on('connecter')
defgérer_connect():
    imprimer(« Client connecté »)

# Exemple : Mise à jour de la tâche de diffusion
defmise à jour de la tâche de diffusion(identifiant_de_tâche):
socketio.emit('tâche_mise_à_jour', {'identifiant': task_id})
```

Dans les itinéraires, après la mise à jour de la tâche :

```python
@socketio.event
deftâche_mise_à_jour(données):
# Mise à jour de la base de données
    tâche =Tâche.requête.get(données['identifiant'])
tâche terminée= données['complété']
db.session.commit()
émettre('tâche_mise_à_jour', {'identifiant': tâche.id,'complété':
tâche.terminée},diffuser=Vrai)
```

Installation du frontend :

```frapper
npminstaller socket.io-client
```

Dans React :

```jsx
importer{ce}depuis'socket.io-client';
importer{utiliserEffect, utiliser l'état}depuis'réagir';
```

```
constprise=ce('http://localhost:5000');

fonctionListe des tâches() {
const[tâches, définir les tâches]=utiliser l'état([]);

utiliserEffect(()=>{
prise.sur('connecter', ()=>console.enregistrer(« Connecté »));
prise.sur('tâche_mise_à_jour', données=>{
définir les
tâches(précédent=>précédent.carte(t=>t.identifiant===
données.identifiant?{...t, complété: données.complété}:t));
});

   retour()=>{
prise.désactivé('tâche_mise_à_jour');
};
}, []);

// Récupérer les tâches initiales...
}
```

Pour envoyer :

jsx
```
douille.émettre('mise à jour_tâche', { identifiant: 1, complété:
vrai});
```

Cela permet des mises à jour en direct pour tous les clients.

Pour la production, utilisez eventlet ou gunicorn avec worker_class=eventlet.

Application concrète Les applications de messagerie instantanée comme Slack utilisent les WebSockets pour les messages instantanés.

Étapes concrètes:

1. Installer les bibliothèques.
2. Configurer SocketIO dans Flask.
3. Connectez-vous en React, écoutez/émettez des événements.

Erreur courante: Aucun nettoyage dans useEffect – plusieurs écouteurs.

Conseil: Événements d'espace de noms pour l'organisation : SocketIO(app, chemin='/socket.io').

Débogage des problèmes d'intégration

Problèmes courants : erreurs CORS, erreurs 404, échecs d'authentification, erreurs réseau.

Outils:

- Outils de développement du navigateur : onglet Réseau pour les requêtes, console pour les journaux.
- Flask debug=True pour les erreurs serveur.
- Outils de développement React pour l'inspection des composants.

Pour CORS : vérifiez les en-têtes de réponse dans le réseau.

Pour les jetons : consigner les en-têtes dans les intercepteurs.

Intercepteur Axios pour les erreurs :

jsx

```
axios.intercepteurs.réponse.utiliser(
res=>res,
erreur=>{
  si(se tromper.réponse.statut===401) {
// Déconnexion
}
  retour Promesse.rejeter(se tromper);
}
);
```

Journalisation Flask :

python

```
app.logger.error('Erreur: %s', sauf)
```

Utilisez Postman pour tester l'API de manière isolée.

En temps réel : enregistrement des connexions/déconnexions.

Application concrète Le débogage garantit la fiabilité d'applications comme le suivi en temps réel d'Uber.

Étapes concrètes:

1. Activer les modes de débogage.
2. Utilisez console.log pour les points clés.
3. Tester avec des outils.

Erreur courante: Ignorer les échecs silencieux – toujours gérer .catch.

ConseilUtilisez les cartes sources pour le débogage du code minifié.

Pratique : Fusionnez votre interface utilisateur React avec l'API Flask pour une application de tâches complète et intégrée.

Combinez Ch7 React avec l'API Flask.

Configuration de Flask : ajoutez CORS et SocketIO.

app.py (extrait) :

python

```
depuisfioleimporterFlask, jsonification, requête
depuisflask_corsimporterCORS
depuisflask_socketioimporterSocketIO, acheter
depuisflask_jwt_extendedimporterJWTManager, jwt_requis,
obtenir_identité_jwt
# DB, modèles antérieurs

application=Flasque(__nom__)
app.config['JWT_SECRET_KEY']= 'secrète'
jwt=JWTManager(app)
CORS(app)
socketio=SocketIO(app,cors_allowed_origins="*")

# Routes : la connexion renvoie un jeton, les tâches CRUD
utilisent @jwt_required

@socketio.on('mise à jour_tâche')
@jwt_requis()
defgérer_la_tâche_de_mise_à_jour(données):
   identité =obtenir_l'identité_jwt()
   tâche
=Tâche.requête.filtrer_par(identifiant=données['identifiant'],ID
de l'utilisateur=identité).premier()
   si tâche:
tâche terminée= données['complété']
```

```
db.session.commit()
émettre('tâche_mise_à_jour', {'identifiant': tâche.id,'complété': tâche.terminée},diffuser=Vrai)

si __nom__ == '__principal__':
socketio.run(app,déboguer=Vrai)
```

React : Ajouter SocketIO à AuthContext ou à la variable globale.

Mettre à jour TaskList pour utiliser le socket pour les mises à jour.

Ajouter l'émission dans completeTask.

Proxy dans vite.config.js.

Pour la production : compiler React, servir depuis Flask.

Exécution : Flask sur le port 5000, développement React sur le port 5173 avec proxy.

Fonctionnalités : Connexion, liste/ajout/mise à jour/suppression des tâches, mises à jour complètes en temps réel.

Application concrète Application de type Trello avec collaboration en direct.

Étapes concrètes:

1. Ajouter SocketIO à Flask.
2. Intégrer dans React.
3. Test en temps réel : mise à jour dans un onglet, visualisation dans un autre.

Erreur courante: Pas d'authentification sur les sockets – utilisez JWT dans les événements.

ConseilGérer les déconnexions avec une logique de reconnexion.

Résumé des principaux points à retenir

- CORS avec flask-cors pour origine croisée.
- Proxy dans Vite pour le développement ; serveur statique en production.
- Jetons dans localStorage, contexte pour l'authentification.
- SocketIO pour le temps réel.
- Déboguer avec des outils et des journaux.

Exercices et défis

1. Ajouter des notifications en temps réel pour les nouvelles tâches.
2. Implémenter les jetons d'actualisation.
3. Ajouter des limites d'erreur dans React.
4. Défi : déployer sur Heroku/Netlify, gérer les variables d'environnement.

Chapitre 9

Fonctionnalités avancées et optimisation

Ajout du téléchargement de fichiers et de la gestion des médias

Le téléchargement de fichiers permet aux utilisateurs d'envoyer des images, des documents ou d'autres fichiers à votre serveur. Flask gère cela via la fonction `request.files`. Ce traitement sécurisé prévient les attaques et les problèmes de stockage.

Installez python-dotenv pour la configuration :

frapper

```
pépininstaller python-dotenv
```

Créer un fichier .env :

texte

```
DOSSIER_TÉLÉCHARGEMENT=/chemin/vers/les_télécharge
ments
MAX_CONTENT_LENGTH=16 * 1024 * 1024 # 16 Mo
```

Dans app.py :

python

```
importer toi
```

```
depuisfioleimporterrequête, envoyer_depuis_le_répertoire,
abandonner
depuisoutil.utilsimporternom_de_fichier_sécurisé

app.config['DOSSIER_TÉLÉCHARGEMENT']=os.getenv('DOS
SIER_TÉLÉCHARGEMENT')
app.config['MAX_CONTENT_LENGTH']=int(os.getenv('MAX_C
ONTENT_LENGTH'))

EXTENSIONS AUTORISÉES={'png', 'jpg', 'jpeg', 'gif', 'pdf'}

deffichier autorisé(nom de fichier):
   retour'.' dans nom de fichier etnom_de_fichier.rsplit('.',
1)[1].inférieur() dansEXTENSIONS AUTORISÉES
```

Itinéraire de téléchargement :

python

```
@app.route('/télécharger', méthodes=['POSTE'])
deftélécharger_fichier():
   si 'déposer'pas dansfichiers de requête :
      retourjsonify({'erreur':'Aucune partie de fichier'}),400
   déposer=requête.fichiers['déposer']
   si déposer.nom de fichier =='':
      retourjsonify({'erreur':« Aucun fichier sélectionné »}),400
   si déposer etfichier_autorisé(déposer.nom de fichier):
      nom de fichier =nom_de_fichier_sécurisé(déposer.nom de
fichier)

déposer.save(os.path.join(app.config['DOSSIER_TÉLÉCHARG
EMENT'], nom de fichier))
      retourjsonify({'message':« Fichier téléchargé », 'nom de
fichier': nom de fichier}), 201
   retourjsonify({'erreur':« Type de fichier non autorisé »}),400
```

Serveur de fichiers :

python

```
@app.route('/uploads/<nom_de_fichier>')
```

```
deffichier téléchargé(nom de fichier):

retourenvoyer_depuis_répertoire(app.config['DOSSIER_TÉLÉC
HARGEMENT'], nom de fichier)
```

Dans React, utilisez FormData :

jsx
```
consthandleUpload=(et)=>{
const déposer=et.cible.fichiers[0];
constformData= nouveauDonnées de formulaire();
formData.ajouter('déposer', déposer);
axios.poste('/télécharger', formData, {
en-têtes : {'Type de contenu':'multipart/form-data'}
});
};
```

Pour les pièces jointes aux tâches : ajoutez une colonne de pièce jointe au modèle de tâche (db.String(255)), enregistrez le nom du fichier.

Application concrète Google Drive gère les chargements ; le commerce électronique l'utilise pour les images de produits.

Étapes concrètes:

1. Créer un dossier de téléchargement, définir les autorisations.
2. Ajoutez une route, testez-la avec curl ou Postman.
3. Intégrer dans le formulaire de tâche.

Erreur courante: Aucun nom de fichier sécurisé – autorise la traversée de répertoire.

Conseil: Utilisez UUID pour les noms de fichiers : str(uuid.uuid4()) + ext.

Stockage dans le cloud (AWS S3) pour la production.

Mise en œuvre de la recherche et du filtrage

La recherche trouve des données par mot-clé ; le filtrage affine la recherche selon des critères.

Dans Flask, utilisez des requêtes SQLAlchemy.

Itinéraire de recherche :

```python
@app.route('/api/tasks/search')
deftâches de recherche():
    requête =requête.args.get('q', '')
    ID de l'utilisateur =obtenir_l'identité_jwt()
tâches=Tâche.requête.filtre(
Tâche.utilisateur_id== ID de l'utilisateur,
db.ou_(
Tâche.titre.j'aime(f'%{requête}%'),
Tâche.description.j'aime(f'%{requête}%')
)
    ).tous()
    retourjsonify([t_to_dict(t)pourtdanstâches])
```

Filtrer par statut :

```python
@app.route('/api/tasks')
defobtenir_tâches():
    ID de l'utilisateur =obtenir_l'identité_jwt()
```

```
    statut =requête.args.get('statut')# tous, actifs, terminés
q=Tâche.requête.filtrer_par(ID de l'utilisateur=ID de l'utilisateur)
    si statut == 'actif':
q=q.filter_by(complété=FAUX)
Elif statut == 'complété':
q=q.filter_by(complété=Vrai)
tâches=q.tous()
    retourjsonify([t_to_dict(t)pourtdanstâches])
```

Dans React, ajoutez un champ de recherche :

jsx

```
const[recherche, setSearch]=utiliser l'état('');
const[filtre, définir le filtre]=utiliser l'état('tous');

utiliserEffect(()=>{
constparamètres= nouveauParamètres de recherche d'URL();
  si(recherche)paramètres.ajouter('q', recherche);
  si(filtre!== 'tous')paramètres.ajouter('statut', filtre);
axios.obtenir(`/api/tasks?${paramètres}`).alors(res=>définir les tâches(res.données));
}, [recherche, filtre]);
```

Recherche anti-rebond pour réduire les requêtes :

jsx

```
utiliserEffect(()=>{
constminuterie=définirTimeout(()=>{
// Récupérer avec recherche
},300);
  retour()=>clearTimeout(minuteur);
}, [recherche]);
```

Application concrète Recherche Amazon avec filtres ; filtrage des problèmes GitHub.

Étapes concrètes:

1. Ajouter un point de terminaison de recherche.

2. Mettez à jour React avec input et useEffect.
3. Testez le filtrage.

Erreur courante Injection SQL – utilisez des requêtes paramétrées (SQLAlchemy le fait).

ConseilIndexez les colonnes titre/description pour plus de rapidité.

Optimisation des performances avec mise en cache

La mise en cache permet de stocker les résultats calculés afin d'éviter les calculs répétés.

Utiliser Flask-Caching :

frapper

```
pépininstaller flask-caching
```

Dans app.py :

python

```
depuisflask_cachingimporterCache

cache=Cache(app,configuration={'CACHE_TYPE':'simple'})

@app.route('/api/tasks')
@cache.cached(temps mort=60)# 60 secondes
defobtenir_tâches():
# Requête coûteuse
tâches=Tâche.requête.tous()
  retourjsonify([t_to_dict(t)pourtdanstâches])
```

Vider le cache lors de la mise à jour :

python

```
cache.supprimer_mémoïsé('get_tasks')
```

Pour chaque utilisateur :

```python
@cache.cached(temps mort=60,
préfixe_clé=lambda:f"tâches_{obtenir_l'identité_jwt()}")
defobtenir_les_tâches_de_l'utilisateur():
...
```

Redis pour la production :

```python
configuration={'CACHE_TYPE':'redis',
'CACHE_REDIS_URL':'redis://localhost:6379/0'}
```

Dans React, mise en cache avec React Query :

```frapper
npminstaller @tanstack/react-query
```

```jsx
importer{QueryClient, Fournisseur de client de requêtes,
utiliserQuery}depuis'@tanstack/react-query';

const queryClient= nouveau QueryClient();

fonctionApplication() {
  retour<Fournisseur de client de requêtes
client={queryClient}><Tâches/></Fournisseur de client de
requêtes>;
}

fonctionTâches() {
const{données, Chargement en cours}=utiliserQuery({
queryKey: [« tâches »],
fonction de requête:
()=>axios.obtenir('/api/tasks').alors(res=>res.données),
staleTime :60000
```

```
});
}
```

Application concrète Les sites d'actualités mettent les articles en cache ; les API réduisent la charge de la base de données.

Étapes concrètes:

1. Installer Flask-Caching.
2. Ajoutez @cache.cached à la route.
3. Invalider lors des opérations POST/PUT/DELETE.

Erreur courante: Mise en cache globale des données spécifiques à l'utilisateur.

ConseilUtilisez les ETags pour les requêtes conditionnelles.

Outils de journalisation des erreurs et de débogage

Une journalisation correcte permet de diagnostiquer les problèmes.

Flask utilise la journalisation Python :

```python
importerjournalisation
depuisgestionnaires de journalisationimporterGestionnaire de fichiers rotatifs

gestionnaire=Gestionnaire de fichiers rotatifs('app.log', maxBytes=10000, nombre de sauvegardes=3)
gestionnaire.setLevel(journalisation.INFO)
app.logger.addHandler (gestionnaire)
```

```
@app.route('/api/tasks')
defobtenir_tâches():
   essayer:
# code
   sauf Exception commeet:
app.logger.error(f"Erreur lors de la récupération des
tâches :{et}")
      retourjsonify({'erreur':'Erreur serveur'}),500
```

Sentinelle pour la production :

frapper

```
pépininstaller sentry-sdk[flask]
```

python

```
importersentinelle_sdk
sentinelle_sdk.init(dsn="votre-dsn",
intégrations=[IntégrationFlask()])
```

Dans React, utilisez console.error ou le SDK navigateur Sentry.

Outils de débogage :

- **Barre d'outils de débogage Flask**: pip install flask-debugtoolbar
- **Outils de développement React**Extension de navigateur.
- **Onglet Réseau du navigateur**: Inspecter les requêtes.

Application concrète Stripe enregistre les échecs de paiement ; le débogage permet d'éviter les interruptions de service.

Étapes concrètes:

1. Ajouter un gestionnaire de fichiers.

2. Consigner les exceptions.
3. Installez React DevTools.

Erreur courante: Enregistrement des données sensibles (mots de passe).

ConseilUtilisez la journalisation structurée (JSON) pour l'analyse.

Rédaction de tests unitaires pour les routes Flask et les composants React

Les tests garantissent la fiabilité.

Flask avec pytest

Installer:

frapper
```
pépininstaller pytest pytest-flask
```

tests/test_api.py :

python
```
importerpytest
depuisapplicationimporterapplication, base de données

@pytest.fixture
def client():
app.config['ESSAI']= Vrai
app.config['SQLALCHEMY_DATABASE_URI']='sqlite:///:mémoir
e:'
    avecapp.test_client()comme client:
        avecapp.app_context() :
db.create_all()
```

```
    rendement client

deftest_create_tâche(client):
  réponse =client.post('/api/tasks', json={'titre':'Test'})
affirmerréponse.code_statut==201
affirmerréponse.json['titre']== 'Test'
```

Exécuter : pytest

React avec Jest + Bibliothèque de tests React

Vite includes Jest.

src/components/TaskList.test.jsx :

```jsx
importer{rendre, écran}depuis'@testing-library/react';
importerListe des tâches depuis'./TaskList';

test('affiche l'état de chargement', ()=>{
  rendre(<Liste des tâches/>);
  attendre(écran.obtenirParTexte(/chargement/je)).être dans le
document();
});
```

API factice :

```jsx
Est.se moquer('axios');
axios.obtenir.valeur résolue simulée({ données : [{ id :1, titre:
'Test'}] });
```

Exécuter : npm test

Application concrète GitHub exécute des milliers de tests sur les demandes de tirage.

Étapes concrètes:

1. Écrire un test Flask pour /api/tasks.
2. Écrire un test React pour TaskList.
3. Ajouter à CI.

Erreur courante: Détails de l'implémentation des tests.

ConseilUtilisez des usines pour les données de test.

Pratique : Améliorez votre application avec une fonctionnalité de recherche et des tests de base

Ajouter la recherche à l'application de tâches.

Ballon

Ajouter /api/tasks/search :

python
```
@app.route('/api/tasks/search')
@jwt_requis()
deftâches de recherche():
q=requête.args.get('q', '')
   ID de l'utilisateur =obtenir_l'identité_jwt()
tâches=Tâche.requête.filtre(
Tâche.utilisateur_id== ID de l'utilisateur,
db.ou_(
Tâche.titre.j'aime(f'%{q}%'),
Tâche.description.j'aime(f'%{q}%')
)
   ).tous()
   retourjsonify([t_to_dict(t)pourtdanstâches])
```

Ajouter la mise en cache :

python
```
@cache.cached(temps mort=30, chaîne de requête=Vrai)
deftâches de recherche():
...
```

Réagir

Ajouter une barre de recherche dans la liste des tâches :

jsx
```
<saisir
  taper="texte"
espace réservé="Tâches de recherche..."
  valeur={recherche}
onChange={et=>setSearch(et.cible.valeur)}
nom de classe="form-control mb-3"
/>
```

Utiliser React Query pour la recherche :

jsx
```
const{données}=utiliserQuery({
queryKey: ['recherche', recherche],
fonction de requête:
()=>axios.obtenir(`/api/tasks/search?q=${recherche}`).alors(res
=>res.données),
  activé: recherche.longueur >2
});
```

Essai

Test Flask :

python

```
deftest_search_tasks(client, en-têtes d'authentification):
client.post('/api/tasks', json={'titre':«Acheter du
lait»},en-têtes=en-têtes d'authentification)
    réponse =client.get('/api/tasks/search?q=milk',
en-têtes=en-têtes d'authentification)
affirmerréponse.code_statut==200
affirmerseulement(response.json)==1
```

Test React :

```
jsx
test(« tâches de recherche », asynchrone()=>{
axios.obtenir.valeur résolue simulée({ données : [{ id :1, titre:
'Tâche de test'}] });
  rendre(<Liste des tâches/>);
événement
incendie.changement(écran.obtenirParTexteDePlaceholder(/rec
herche/je), { cible : { valeur :'test'} });
  attendre(attendre écran.trouverParTexte('Tâche de test')).être
dans le document();
});
```

Application concrète Recherche robuste dans Notion ; les tests empêchent les régressions.

Étapes concrètes:

1. Implémenter l'API de recherche.
2. Ajouter une interface utilisateur avec anti-rebond.
3. Rédigez des tests.

Erreur courante: Aucun index sur les colonnes de recherche.

ConseilUtilisez la recherche plein texte (PostgreSQL tsvector) pour les grands volumes de données.

Résumé des principaux points à retenir

- Téléchargements de fichiers sécurisés avec validation et nom_de_fichier_sécurisé.
- Implémenter une recherche avec SQLAlchemy, en filtrant avec des paramètres de requête.
- Mise en cache avec Flask-Caching ou React Query.
- Consignez les erreurs dans des fichiers ou dans Sentry.
- Écrivez des tests avec pytest et la bibliothèque de tests React.

Exercices et défis

1. Ajouter le téléchargement de fichiers aux tâches (pièce jointe).
2. Mettre en œuvre la pagination avec mise en cache.
3. Ajouter l'intégration de Sentry.
4. Défi : Écrire des tests d'intégration avec Cypress.

Chapitre 10

Déploiement – Du local à la production

Préparation de votre application Flask pour Heroku : exigences, Procfile et variables d'environnement

Heroku est une plateforme cloud qui permet de déployer, gérer et faire évoluer facilement des applications web. Elle est particulièrement adaptée aux débutants pour les applications Python comme Flask, car elle gère le serveur, vous permettant ainsi de vous concentrer sur le code. Pour préparer votre application Flask au cloud, vous devez la rendre compatible en spécifiant ses dépendances, en définissant son mode d'exécution et en assurant la sécurité des données sensibles.

Commencez par créer un fichier requirements.txt listant tous les packages Python. Heroku utilise ce fichier pour installer les dépendances lors du déploiement. Générez-le avec :

```
frapper
pépin geler>requirements.txt
```

Cela inclut tous les éléments de votre environnement virtuel, comme Flask, Flask-SQLAlchemy, Gunicorn (un serveur de production), etc. Incluez Gunicorn car Heroku requiert un serveur WSGI pour Flask.

frapper

```
pépininstaller gunicorn
```

Ensuite, créez un fichier Procfile (sans extension) à la racine de votre projet. Ce fichier indique à Heroku comment exécuter votre application :

texte

```
Web : application Gunicorn : application
```

Ici, web indique un processus web, et gunicorn app:app exécute Gunicorn avec votre instance d'application Flask (en supposant qu'elle soit nommée app dans app.py).

Les variables d'environnement permettent de stocker des informations sensibles comme les URL de bases de données ou les clés API, évitant ainsi de les coder en dur. Utilisez python-dotenv en local :

frapper

```
pépininstaller python-dotenv
```

Dans app.py :

python

```
depuisdotenvimportercharger_dotenv
importer toi

charger_dotenv()
app.config['SQLALCHEMY_DATABASE_URI']=os.getenv('URL
_DATABASE')
clé_secrète_app=os.getenv('CLÉ_SECRET')
```

Créer un fichier .env pour le développement local (à ajouter à .gitignore) :

texte ·
```
URL_BASE_DE_DONNÉES=postgresql://utilisateur:passe@loc
alhost/db
CLÉ_SECRET=votre_secret
```

Sur Heroku, définissez les variables via le tableau de bord ou l'interface de ligne de commande : heroku config:set SECRET_KEY=votre_secret.

Heroku détecte les applications Python via les fichiers requirements.txt ou setup.py. Enregistrez toutes vos modifications dans Git, car Heroku déploie à partir de Git.

Application concrète Des startups comme Buffer utilisent Heroku pour une itération rapide ; la plateforme permet de passer du prototype à la production sans les problèmes d'infrastructure.

Étapes concrètes:

1. Générez le fichier requirements.txt et installez Gunicorn.
2. Créer un Procfile.
3. Configurez le fichier .env et chargez le code.
4. Commit dans Git : git add .; git commit -m "Préparation pour Heroku".

Erreur courante: Utiliser app.run() en production – c'est réservé aux développeurs ; utilisez Gunicorn.

Conseil: Effectuez des tests en local avec l'application gunicorn pour simuler Heroku.

À partir de 2025, Heroku prend en charge Python 3.12+ ; assurez-vous que votre environnement d'exécution correspond via runtime.txt : python-3.12.3.

Déploiement de bases de données PostgreSQL sur Heroku

Heroku Postgres est un service de base de données managé qui s'intègre parfaitement à votre application. Il gère les sauvegardes, la mise à l'échelle et la sécurité, vous libérant ainsi des tâches d'administration.

Configurez une base de données via l'interface de ligne de commande (installez d'abord l'interface de ligne de commande Heroku depuis heroku.com) :

frapper

```
Hérokuaddons:create
heroku-postgresql:hobby-dev--appvotre-nom-d'application
```

Cela crée une base de données gratuite de niveau Hobby. La variable d'environnement DATABASE_URL est définie automatiquement.

Dans Flask, utilisez cette URL :

python

```
app.config['SQLALCHEMY_DATABASE_URI']=os.getenv('URL
_DATABASE').remplacer('postgres://', 'postgresql://')
```

(Remarque : Heroku utilise postgres:// ; SQLAlchemy préfère postgresql://.)

Migrer le schéma : utilisez Flask-Migrate. Sur Heroku, exécutez les commandes à distance :

frapper
Hérokuexécuter la mise à niveau de la base de données
Flask--appvotre-nom-d'application

Connectez-vous localement pour le développement : heroku pg:psql ou copiez DATABASE_URL dans .env.

Gestion via tableau de bord : consultez les indicateurs, exécutez des requêtes, mettez à l'échelle (par exemple, passez au niveau Standard pour obtenir plus de lignes/connexions).

Sauvegardes : Heroku effectue des sauvegardes automatiques quotidiennes ; téléchargement via heroku pg:backups:capture.

À partir de 2025, Heroku Postgres met l'accent sur la conformité (SOC 2, RGPD) et les intégrations d'IA pour l'optimisation des requêtes.

Application concrète Des applications comme Slack utilisent des bases de données gérées pour garantir leur fiabilité lors de leur croissance.

Étapes concrètes:

1. Créer une application : heroku create votre-nom-d'application.
2. Base de données de provisionnement.
3. Mise à jour de la configuration, déploiement : git push heroku main.
4. Migrer le schéma.

Erreur courante Oublier de valider les migrations – Heroku en a besoin dans Git.

ConseilUtilisez la commande heroku logs --tail pour un débogage en temps réel.

Création et déploiement de l'interface React sur Netlify

Netlify est une plateforme de déploiement de sites statiques et d'interfaces utilisateur comme React, avec CDN intégré, CI/CD et fonctionnalités sans serveur. Elle est gratuite pour les fonctionnalités de base et excelle dans les applications Jamstack.

Créez votre application React : la commande npm run build crée un dossier dist/ ou build/ contenant des fichiers optimisés.

Pour le déploiement, connectez-vous à GitHub :

1. Inscrivez-vous sur netlify.com, puis connectez-vous à GitHub.
2. Depuis le tableau de bord, « Ajouter un nouveau site » > « Importer un projet existant » > Sélectionnez le dépôt GitHub.
3. Netlify détecte React : définissez la commande de compilation npm run build, publish dir build.
4. Déploiement – obtient une URL du type votre-site.netlify.app.

Domaine personnalisé : Dans les paramètres du domaine, ajoutez le domaine, configurez le DNS (CNAME vers Netlify).

À partir de 2025, Netlify optimise pour React avec des outils de construction IA (par exemple, Bolt pour le dépannage) et des fonctions périphériques.

Application concrète: Sites Gatsby hébergés sur Netlify, adaptés à un trafic élevé comme les campagnes de Nike.

Étapes concrètes:

1. Compiler localement, tester.
2. Envoyer sur GitHub.
3. Déploiement via l'interface utilisateur de Netlify.
4. Ajouter un domaine.

Erreur couranteRépertoire de publication incorrect – vérifiez la compilation.

Conseil: Utilisez Netlify CLI : netlify déployer pour les aperçus.

Principes de base de l'intégration et de la diffusion continue (CI/CD) avec GitHub Actions

L'intégration continue et la livraison continue (CI/CD) automatisent les tests, la compilation et le déploiement. GitHub Actions utilise des flux de travail YAML dans le répertoire .github/workflows/.

Flux de travail de base :

yaml
```
nom:Pipeline CI/CD
sur: [pousser]
emplois:
  construire:
```

```
continue sur:Ubuntu - dernière version
étapes:
-utilise:actions/checkout@v5
-nom:Configurer Python
utilise:actions/setup-python@v5
      avec:
version de Python:'3.12'
-courir:pip install -r requirements.txt
-courir:pytest# Tests If
```

Pour utiliser Flask avec Heroku : utilisez l'action Heroku.

yaml

```
nom:Déploiement sur Heroku
sur:
  pousser:
branches: [principal]
emplois:
  déployer:
continue sur:Ubuntu - dernière version
étapes:
-utilise:actions/checkout@v5
-nom:Déploiement sur Heroku
utilise:akhileshns/heroku-deploy@v3.13.15
      avec:
clé API Heroku:${{ secrets.HEROKU_API_KEY }}
nom_de_l'application_heroku:votre-nom-d'application
heroku_email:votre@email.com
```

Définissez les secrets dans les paramètres GitHub.

Pour utiliser React avec Netlify : utilisez l'action Netlify.

yaml

```
nom:Déploiement sur Netlify
sur:
  pousser:
branches: [principal]
emplois:
```

```
  déployer:
continue sur:Ubuntu - dernière version
étapes:
-utilise:actions/checkout@v5
-nom:Configurer le nœud
utilise:actions/setup-node@v4
      avec:
version du nœud:'20'
-courir:npm installer
-courir:npm run build
-nom:Déploiement sur Netlify
utilise:nwtgck/actions-netlify@v3.0
      avec:
répertoire de publication:'./construire'
branche de production:principal
jeton GitHub:${{ secrets.GITHUB_TOKEN }}
message de déploiement:« Déployer depuis GitHub Actions »
environnement:
JETON D'AUTORISATION NETLIFY:${{
secrets.NETLIFY_AUTH_TOKEN }}
NETLIFY_SITE_ID:${{ secrets.NETLIFY_SITE_ID }}
```

Full-stack : Emplois distincts pour le backend et le frontend.

Application concrète Les projets open source se déploient automatiquement lors des fusions.

Étapes concrètes:

1. Créez le fichier .github/workflows/deploy.yml.
2. Ajouter des secrets.
3. Appuyer sur la gâchette.

Erreur courante Pas de secrets – les actions échouent.

ConseilUtilisez une matrice pour les tests multi-environnements.

Surveillance et mise à l'échelle après déploiement

La surveillance permet de suivre l'état de l'application ; la mise à l'échelle ajuste les ressources.

Pour Heroku : utilisez les métriques intégrées (devcenter.heroku.com/articles/metrics) pour la charge des dynos et le temps de réponse. Des modules complémentaires comme Better Stack ou MetricFire offrent des fonctionnalités avancées (journaux, alertes). Bonnes pratiques (2025) : configurez des alertes à 80 % de la taille de la base de données et surveillez les redémarrages des dynos.

Scale : heroku ps:scale web=2 ajoute des dynos. Mise à l'échelle automatique avec des modules complémentaires comme Librato.

Pour Netlify : Project Analytics (docs.netlify.com/manage/monitoring/project-analytics) permet de suivre les tendances des visiteurs et la bande passante. Intégrez Datadog ou New Relic. La mise à l'échelle est automatique via un CDN ; pour les fonctions, surveillez les invocations.

Journaux : Heroku (journaux Heroku) ; Netlify (tableau de bord).

Application concrète Le commerce électronique prend de l'ampleur pendant les soldes.

Étapes concrètes:

1. Activer les métriques Heroku.
2. Configurer des alertes.

3. Bancs d'essai à l'échelle.

Erreur courante Ignorer les journaux – vérifiez régulièrement.

ConseilUtilisez PagerDuty pour les notifications.

Pratique : Déployez votre application complète et accédez-y en ligne.

1. Préparation de Flask : exigences, Procfile, environnement.
2. Envoyer sur GitHub.
3. Créer une application Heroku, provisionner Postgres, définir les variables, déployer : git push heroku main.
4. Migrer la base de données : heroku run flask db upgrade.
5. Créez un projet React et déployez-le sur Netlify via GitHub.
6. Mettez à jour les URL de l'API React sur Heroku (utilisez les variables d'environnement).
7. Actions de configuration pour les déploiements automatiques.

Accès : URL Heroku pour le backend, Netlify pour le frontend.

Ajouter des modules complémentaires de surveillance.

Application concrète: Applications de portfolio disponibles pour des démonstrations.

Étapes concrètes:

1. Suivez les sections ci-dessus.
2. Points de terminaison de test.
3. Surveillez d'abord le déploiement.

Erreur courante: Variables d'environnement incompatibles.

ConseilUtilisez l'application de test.

Résumé des principaux points à retenir

- Préparer Flask avec les exigences, le Procfile et les variables d'environnement.
- Déployez Postgres sur Heroku via des modules complémentaires.
- Créez un projet React, déployez-le sur Netlify avec Git.
- Automatisez avec GitHub Actions.
- Surveiller les indicateurs, dimensionner les dynos/fonctions.

Exercices et défis

1. Déployer un exemple d'application Flask.
2. Ajouter un domaine personnalisé.
3. Configurer les tests d'intégration continue.
4. Défi : Intégrer Sentry et la mise à l'échelle automatique.

Conclusion

Prochaines étapes pour maîtriser Flask

Récapitulatif des principaux enseignements et constitution d'un portefeuille de projets

Vous venez de terminer un parcours complet, de la création à la mise en service d'une application Flask full-stack. Consolidons maintenant vos acquis.

Compétences de base en flacon:

- Création de routes dynamiques, gestion des méthodes HTTP et rendu de modèles avec Jinja2.
- Intégration de SQLAlchemy avec PostgreSQL pour la gestion des données persistantes.
- Mise en place d'une authentification sécurisée utilisant JWT et la gestion de session.
- Création d'API RESTful avec une gestion JSON et des réponses d'erreur appropriées.
- Interface utilisateur améliorée avec Bootstrap 5 pour une conception réactive et accessible.
- Interface React connectée via CORS, proxy et WebSockets en temps réel.
- Optimisé avec la mise en cache, la recherche, le téléchargement de fichiers et les tests.
- Déployé sur Heroku (backend) et Netlify (frontend) avec CI/CD.

Votre projet de portfolio: Le **Application de gestion des tâches**est désormais disponible en ligne. Elle propose :

- Inscription/connexion utilisateur avec JWT
- Opérations CRUD sur les tâches
- Mises à jour en temps réel via SocketIO
- Tableau de bord React réactif
- Recherche/filtrage
- Pièces jointes
- Déploiements automatisés

Ce projet unique démontre**Plus de 10 compétences recherchées**:

1. Conception de l'API backend
2. Modélisation de bases de données
3. Authentification et sécurité
4. Intégration frontale
5. Fonctionnalités en temps réel
6. Essai
7. Déploiement
8. Principes de base du DevOps

Plan d'action pour la constitution d'un portefeuille:

1. **Documentez l'application**Créez un fichier README GitHub contenant :
    - Lien de démonstration en direct
    - Captures d'écran (mobile/ordinateur)
    - Diagramme de la pile technologique
    - Documentation API (Swagger/Postman)
    - Défis surmontés
2. **Enregistrez une vidéo de démonstration**(2–3 minutes) : Afficher la connexion, créer une tâche, mise à jour en temps réel sur tous les onglets.

3. **Rédigez un article de blog sur une étude de cas**:
    - Problème : « J'avais besoin d'un gestionnaire de tâches personnel »
    - Solution : « Construit avec Flask + React »
    - Résultats : « Déployé en 2 heures, gère plus de 1000 tâches »

Ajouter au CV:

texte

Gestionnaire de tâches Full-Stack | Flask, React, PostgreSQL
• Création d'une API REST avec authentification JWT et mises à jour en temps réel
• Déploiement sur Heroku/Netlify avec GitHub Actions CI/CD

4. • Mise en œuvre de la recherche, du téléchargement de fichiers et des tests unitaires

Application concrète Des entreprises comme Airbnb ont commencé avec des MVP similaires. Votre projet de portfolio prouve que vous êtes capable de livrer du code prêt pour la production.

Étapes concrètes:

1. Prenez 5 captures d'écran de votre application en direct.
2. Mettre à jour le fichier README de GitHub avec un GIF de démonstration (utiliser LiceCap).
3. Ajoutez votre projet à LinkedIn avec les tags #Flask #FullStack.

Erreur courante Considérer le projet comme « terminé » – continuer à itérer.

ConseilDéployez une version « de test » pour les expériences.

Exploration de sujets avancés

Vos bases sont solides. Voici les prochains obstacles à franchir.

WebSockets et temps réel (au-delà de SocketIO)

ConceptLes WebSockets permettent une communication bidirectionnelle. Vous avez utilisé SocketIO ; explorez maintenant les WebSockets natifs ou d'autres solutions.

ExempleÉdition collaborative en direct (style Google Docs) :

python
```
# Flask-SocketIO avancé
@socketio.on('rejoindre_la_salle')
defgérer_join(données):
  chambre = données['task_id']
rejoindre_salle(salle)
émettre('statut',
{'msg':f"{nom_utilisateur_actuel}rejoint"},chambre=chambre)

@socketio.on('text_change')
defhandle_text(données):
émettre('text_update', données,
chambre=données['task_id'],inclure_soi=FAUX)
```

AvancéUtilisez Redis comme courtier de messages pour la mise à l'échelle horizontale.

Le monde réel: Le déplacement des cartes dans Trello, les curseurs multi-utilisateurs de Figma.

Architecture de microservices

ConceptDécomposer le monolithe en petits services indépendants.

ExempleDivisez votre application :

- service d'authentification (Flask)
- service de tâches (FastAPI)
- service de notification (Node.js)

Communiquer via REST ou files d'attente de messages (RabbitMQ, Kafka).

ActionConteneuriser avec Docker :

dockerfile
```
DEPUISpython:3.12
COPIE. /app
COURIRpip install -r requirements.txt
CMD["licorne", "app:app"]
```

Déploiement sur Kubernetes ou Docker Swarm.

Le monde réel Netflix utilise plus de 700 microservices.

Travaux de fond avec Celery

Concept: Décharger les tâches longues (envoi d'e-mails, génération de PDF) aux employés.

python
```
depuiscéleriimporterCéleri

céleri=Céleri(app.name,courtier='redis://localhost:6379/0')
```

```
@celery.tâche
defenvoyer_un_email_de_bienvenue(ID de l'utilisateur):
    utilisateur =Utilisateur.query.get(user_id)
# Envoyer un e-mail
```

Déclencheur : send_welcome_email.delay(user.id)

Le monde réel Instagram traite les téléchargements en arrière-plan.

GraphQL avec le graphène

ConceptAlternative à REST : les clients demandent exactement ce dont ils ont besoin.

python

```
importergraphène
depuisgraphène_sqlalchemyimporterType d'objet SQLAlchemy

classeType de tâche(Type d'objet SQLAlchemy):
    classeMéta:
        modèle = Tâche

classe Requête(graphène.Type d'objet):
tâches=graphène.Liste(TypeDeTâche)
defrésoudre_tâches(soi, info):
        retourTâche.requête.tous()
```

Le monde réelL'API de GitHub utilise GraphQL.

Étapes concrètes:

1. Choisissez un sujet (par exemple, le céleri).
2. Créez un petit prototype.
3. Documenter les enseignements.

Erreur courante Passer trop tôt aux microservices – maîtriser d'abord le monolithe.

ConseilLisez « Clean Architecture » de Robert Martin.

Ressources pour le développement continu de Flask

Documentation officielle

- **Méga-tutoriel sur Flask**par Miguel Grinberg (disponible gratuitement sur GitHub)
- **Explorez Flask**(exploreflask.com) – meilleures pratiques
- **Documentation de l'API Flask**(flask.palletsprojects.com)

Cours vidéo

- **Vrai Python**– « L'exemple du flacon »
- **TestDriven.io**– Flask + Docker + CI/CD
- **Udemy**– « Stage intensif Python et Flask » (votre source d'inspiration !)

Livres

- **Développement web Flask**par Miguel Grinberg
- **Création d'API REST avec Flask**par Kunal Relan

Podcasts et blogs

- **Parlez-moi Python**– Épisodes de Flask
- **Octets Python**– actualités hebdomadaires
- **Blog Real Python**– articles hebdomadaires sur Flask

Outils et extensions

- **Administrateur Flask**– interfaces CRUD automatiques
- **Flask-Mail**– envoi d'e-mails
- **Connexion Flask**– authentification de session (alternative à JWT)
- **Flask-RESTx**– Documentation Swagger

Plateformes de pratique

- **Exercice.io**– Flask track
- **Guerres de codes**– Extrait de Python
- **LeetCode**– SQL + Python

Étapes concrètes:

1. Mettez en favoris 3 ressources.
2. Terminez un tutoriel cette semaine.
3. Suivez 5 développeurs Flask sur Twitter/X.

Erreur courante Consommer sans construire – toujours coder en même temps.

ConseilUtilisez les flux RSS pour les mises à jour du blog.

Conseils pour la communauté et la contribution

La communauté Python/Flask est accueillante et active.

Où s'engager

- **PyCon**(conférence annuelle, vidéos sur YouTube)
- **r/flask**sur Reddit

- **Discord de Flask**(discord.gg/pallets)
- **Discord Python**– #flask channel
- **Stack Overflow**– étiquette flasque

Comment contribuer

1. **Corriger les fautes de frappe**dans la documentation de Flask (github.com/pallets/flask)
2. **Répondre aux questions**sur Stack Overflow
3. **Rédiger des articles de blog**à propos de vos apprentissages
4. **Créer des extensions Flask**(publier sur PyPI)

Exemple de contribution:

```
texte
Problème : « Documentation peu claire sur la configuration
CORS »
→ Ouvrir une PR avec un exemple amélioré
→ Fusionné ! Vous êtes maintenant contributeur
```

Le monde réel De nombreux mainteneurs principaux de Flask ont commencé par de petites PR.

Étapes concrètes:

1. Rejoignez le serveur Discord de Flask.
2. Répondez à une question de débutant ce mois-ci.
3. Mettez en avant 10 dépôts Flask utiles.

Erreur courante Attendre d'être « assez bon » – contribuez tôt.

ConseilUtilisez les étiquettes « bonne première issue » sur GitHub.

Défi du projet final : Personnalisez et étendez votre application déployée

Transformez votre application de tâches en une**Centre de productivité personnelle**.

Fonctionnalités requises (choisissez-en 3)

1. **Échéances et rappels**
   - Ajouter la colonne due_date
   - Rappels par e-mail/SMS via Celery + Twilio/SendGrid
   - Affichage du calendrier dans React
2. **Catégories/Étiquettes de tâches**
   - Relation plusieurs-à-plusieurs
   - Filtrer par étiquette
   - Étiquettes à code couleur
3. **Minuteur Pomodoro**
   - Composant React avec compte à rebours de 25 minutes
   - Synchronisation WebSocket entre appareils
   - Sessions de suivi
4. **Courriel récapitulatif quotidien**
   - Programme de battement de céleri
   - Modèle d'e-mail Jinja2
   - «Vous avez accompli 5 tâches aujourd'hui !»
5. **Activer/désactiver le mode sombre**
   - Contexte React
   - Persister dans le stockage local
   - Synchroniser avec les préférences système
6. **Tâches d'exportation/importation**

- Exportation CSV/JSON
- Importation en vrac
- Fonction de sauvegarde

Bonus : Déploiement avec Docker

dockerfile

```
# Dockerfile
DEPUISpython:3.12-slim
RÉPERTOIRE DE TRAVAIL/app
COPIE. .
COURIRpip install -r requirements.txt
CMD["licorne", "app:app"]
```

yaml

```
# docker-compose.yml
version:'3.8'
services:
web:
  construire:.
ports:
-"5000:5000"
  environnement:
-URL_BASE_DE_DONNÉES=postgresql://utilisateur:passe@d
b:5432/app
base de données:
  image:postgres:15
  environnement:
-POSTGRES_DB=app
-POSTGRES_USER=utilisateur
-MOT_DE_PASSE_POSTGRES=passe
```

Objectifs de la soumission

1. **Démo en direct**avec de nouvelles fonctionnalités
2. **Fichier README mis à jour**avec liste de fonctionnalités

3. **Article de blog**à propos d'une fonctionnalité avancée
4. **Visite vidéo** (facultatif)

Le monde réel Cela deviendra la pièce maîtresse de votre portfolio.

Étapes concrètes:

1. Choisissez 3 fonctionnalités.
2. Créer une branche Git : git checkout -b feature/due-dates.
3. Mettre en œuvre un par week-end.
4. Déployer et partager.

Erreur courante: Dérive des fonctionnalités – livrer petit, itérer.

ConseilUtilisez les indicateurs de fonctionnalités pour activer ou désactiver le nouveau code.

Résumé des principaux points à retenir

- **Vous avez créé une application full-stack prête pour la production**avec des outils modernes.
- **Votre projet est un véritable bijou pour votre portefeuille.**– documentez-le et partagez-le.
- **Des sujets avancés vous attendent**WebSockets, microservices, tâches en arrière-plan.
- **L'apprentissage ne s'arrête jamais**– Consulter les ressources, s'impliquer dans la communauté.
- **Contribuez tôt**– même les petites relations publiques contribuent à bâtir une réputation.

- **Défi final**Transformez votre application en un outil de productivité personnelle ultra-performant.

Exercices et défis

1. **Semaine 1**Ajoutez des dates d'échéance via l'interface utilisateur du calendrier.
2. **Semaine 2**: Implémenter un minuteur Pomodoro avec synchronisation en temps réel.
3. **Semaine 3**Rédigez un article de blog technique sur votre fonctionnalité préférée.
4. **Défi ultime**: Publiez le code source de votre application sur GitHub, rédigez un fichier « CONTRIBUTING.md » et trouvez votre premier contributeur externe.

Vous n'avez pas seulement appris Flask – vous aveza **maîtrisé l'ensemble du processus, de l'idée à la production**Les compétences que vous avez acquises s'appliquent à tous les frameworks web. Continuez à développer, continuez à partager et n'oubliez pas :**Chaque expert a un jour été un débutant qui a refusé d'abandonner.**.

Maintenant, déployez quelque chose d'extraordinaire.

www.ingramcontent.com/pod-product-compliance
Lightning Source LLC
LaVergne TN
LVHW082228051026
849532LV00012B/3922
* 9 7 9 8 2 9 5 5 7 3 4 8 4 *